한글로 쉽게 배우는

▶ 어션영어의

진짜
기초
영어

파닉스편

📖 동양북스

한글로 쉽게 배우는
▶ 어션영어의

진짜
기초
영어 파닉스편

초판 1쇄 발행 | 2021년 8월 31일
초판 7쇄 발행 | 2024년 10월 10일

지은이 | 어션
발행인 | 김태웅
편 집 | 이지혜
디자인 | design PIN
마케팅 총괄 | 김철영
제 작 | 현대순

발행처 | (주)동양북스
등 록 | 제 2014-000055호
주 소 | 서울시 마포구 동교로22길 14 (04030)
전 화 | (02)337-1737
팩 스 | (02)334-6624

ISBN 979-11-5768-731-2 13740

머리말

안녕하세요?

유튜브에서 〈어션영어BasicEnglish〉채널을 운영하고 있는 기초영어 강사 어션 입니다.

전 세계가 국경을 가리지 않고 하나의 시장을 이루는 글로벌 사회에서 영어는 세계 공용어로 자리 잡았으며, 이로 인해 간판과 표지판을 비롯하여, 상품의 포장 및 이름 등 다양한 곳에서 영어를 쉽게 찾아볼 수 있습니다.

점점 영어가 광범위하게 사용됨에 따라 영어를 읽는 능력은 이 시대를 살아가는 데에 있어 선택이 아닌 필수가 되어 가고 있습니다. 이러한 환경 속에서 많은 분들이 영어 읽는 법에 대한 배움의 갈증을 느끼고 있음을 알게 되었고, 저는 그 갈증 해소에 조금 더 도움이 되고자 이 책을 선보이게 되었습니다. 특히 기초가 부족하신 왕초보 분을 포함하여 누구나 부담 없이 학습할 수 있도록 발음기호를 원음에 가장 가까운 한글로 표기하고자 노력했습니다.

한글에서는 명확한 발음 규칙이 있는 것과 달리 영어에서는 하나의 알파벳이 다양한 발음을 가질 수 있습니다. 이러한 점이 영어를 읽는 것을 어렵게 하는 주된 이유이자, 영어 학습의 가장 큰 단점이라고 할 수 있습니다. 이러한 어려움을 알고 있기에 영어 읽는 법을 처음 학습하시는 분들을 위한 길라잡이가 되길 바라며 다양한 접근방식을 고민하였습니다.

이 책에서는 다양한 접근방식을 통해 영어 읽는 법의 규칙성과 불규칙성을 동시에 알아갈 수 있습니다. 누구나 쉽게 따라 하고, 익숙해질 수 있도록 각각의 알파벳이 어떤 소리를 내는지 영어 발음과 가장 유사한 한글 발음으로 표기하였고, 비슷하게 생긴 단어를 함께 학습함으로서 규칙적인 발음을 학습할 수 있습니다. 이와 더불어, 예외적인 단어의 발음을 따로 다루어 불규칙적인 발음에도 익숙해질 수 있도록 준비하였습니다.

책에서 다루는 다양한 단어들을 통해 영어를 스스로 읽는 즐거움을 느끼시길 진심으로 바랍니다. 영어가 여러분의 삶에 또 하나의 활력소가 되길 기대합니다. 감사합니다.

영어강사 어션

이 책은 **왕초보 과정**, **필수 & 초보 과정**, **실전 과정** 3단계 학습으로 구성되어 있습니다.

왕초보 과정은
알파벳이 헷갈리는
분을 위한 단계로,
알파벳의 대문자와
소문자를 학습합니다.

→

필수 & 초보 과정은
모음과 자음을 비롯한,
이중모음, 묵음까지
포함하는 대표적인
발음 규칙들을 다양한
단어를 통해 학습합니다.

→

실전 과정은 현실에서
만나는 모든 영어 단어가
규칙을 적용해서 읽을 수
없기 때문에 예외적으로
발음되는 단어를 따로
학습합니다. (예외 발음은
그냥 외울 수밖에 없어요!)

세 가지 과정을 통해 영어를 읽을 수 있도록 방법을 제시합니다. 각자 자신이 보완해야
할 부분에서는 익숙할 수 있도록 보고 듣고 읽고 자주 반복해 주세요.

✔ 기본적인 발음 파악하기

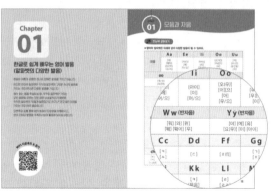

◀ 본문 학습에 들어가기 전에
친절한 설명과 한눈에
살펴보기의 표를 통해 본문에서
배울 것들을 미리 파악합니다.

◀ Chapter마다 QR코드를
수록해 QR코드를 스캔하면
원어민 음성 MP3를 다운로드
받거나 들을 수 있습니다.

* http://www.dongyangbooks.com에서도
음원파일을 다운로드 받으실 수 있습니다.

✔ 단어를 통해서 발음 익히기

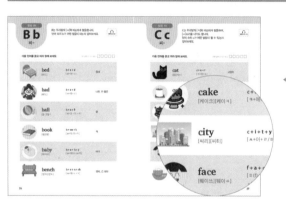

◀ 간략한 설명과 단어를 통해
대표 발음을 학습하며
영어를 읽을 수 있다는
자신감을 키웁니다.

☑ 배운 단어 읽어 보기

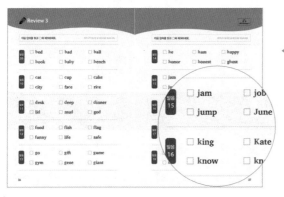

◀ 본문에서 학습한 단어를
제대로 읽을 수 있는지
확인해 봅니다. 만약 바로
떠오르지 않을 경우에는
본문으로 돌아가 다시
학습합니다.

☑ 들어가기 전에

① '오/어' 또는 '어/으'와 같이 '/'가 들어간 단어는 중간 발음 또는 둘 중
하나의 발음을 주로 냅니다.

② 단어에 '-'가 들어가면 길게 발음합니다.

③ 한글로 쉽게 배우는 영어 발음표(15p)의 내용은 발음 학습에 참고만
하세요. 특히 모음 부분은 절대로 외우지 마세요.

④ 알파벳의 다양한 발음(203p)의 표를 잘라서 책의 내용과 함께
보며 단어의 발음을 익혀보세요.

⑤ 한국어 표기는 영어 발음을 완벽하게 대체할 수는 없기에 발음 학습에
참고하시되 음성 파일을 통해 정확한 발음을 들으며 학습하셔야 합니다.

⑥ 이 책의 주된 목적은 영어단어 학습이 아니라 영어를 읽는 방법에
익숙해지는 것입니다. 책에서 다룬 단어들의 발음에 집중하여
학습하다보면 단어의 발음은 물론 뜻에도 익숙해질 것입니다.

⑦ Chapter 1에서는 알파벳의 다양한 발음을 소개하며, Chapter 1에서
소개된 단어 중 일부는 Chapter 2~4에서 다시 한번 다루어져 반복적으로
학습하실 수 있습니다.

차례

INTRO   왕초보 과정

PART 01   필수 & 초보 과정

Chapter 01   한글로 쉽게 배우는 영어 발음

Chapter 02   닮은 단어 읽는 법 & 묵음 발음

PART 02　실전 과정

▶ 어션영어 추천 영상

1 영어 읽는 법 비법 공개 1탄

shorturl.at/nquAE

2 영어 읽는 법 비법 공개 2탄

shorturl.at/dhlCP

3 원어민이 처음 보는 단어 읽는 법

shorturl.at/jqDPW

4 영어 단어 쉽게 외우는 법

shorturl.at/dntJN

5 영어 단어 외우지 않고 기억하는 법

shorturl.at/cgyzO

6 영어 단어를 가장 효과적으로 외우는 방법

shorturl.at/vyD07

7 영어 읽는 법 – 재생목록

shorturl.at/frAKM

INTRO

왕초보 과정

UNIT 01 알파벳 익히기

MP3 00-1

한글에 ㄱ, ㄴ, ㄷ, ㄹ, ... 과 같은 문자가 있는 것처럼
영어에는 **알파벳**이라 불리는 **26개의 문자**가 있으며,
이는 **대문자**와 **소문자**로 나누어집니다.

영어로 글을 쓸 때 일반적으로 소문자로 쓰지만,
문장의 시작, 나(I), 사람, 나라, 도시 등 **고유한 것의 이름**을 나타내는
단어의 **첫 글자**는 **대문자**로 표기합니다.

예시 1　문장의 시작
This is a car.　이것은 자동차입니다.
[디(th)쓰 т즈(z) 어 칼(r)-]

예시 2　나(I)
I am hungry.　저는 배가 고파요.
[아이 앰 헝그뤼]

예시 3　사람
Emily is kind.　에밀리는 친절해요.
[에믈리 т즈(z) 카인드]

예시 4　나라
I live in **G**ermany.　저는 독일에 살아요.
[아이 리브(v) 인 졀(r)-머니]

예시 5　도시
I live in **S**eoul.　저는 서울에 살아요.
[아이 리브(v) 인 쏘울]

대문자(왼쪽) / 소문자(오른쪽)			
A a 에이	B b 비-	C c 씨-	D d 디-
E e E- (이-)	F f 에프(f)	G g 쥐-	H h 에이취
I i 아이	J j 제이	K k 케이	L l 엘
M m 엠	N n 엔	O o 오(우)	P p 피-
Q q 큐-	R r 알(r)-	S s 에쓰	T t 티-
U u 유-	V v 뷔-	W w 더블유-	X x 엑쓰
Y y 와이	Z z 지(z)-		

Review 1

다음 알파벳을 하나씩 소리 내어 읽어보세요.   생각나지 않으면 앞 페이지를 복습하세요.

A a	B b	C c	D d
E e	F f	G g	H h
I i	J j	K k	L l
M m	N n	O o	P p
Q q	R r	S s	T t
U u	V v	W w	X x
Y y	Z z		

PART 01

필수 & 초보 과정

Chapter 01

한글로 쉽게 배우는 영어 발음
(알파벳의 다양한 발음)

한글의 자음과 모음은 하나의 정해진 발음을 가지고 있습니다.

하지만 영어의 알파벳은 각각의 알파벳이 고유한 하나의 발음을
가지는 것이 아니라 다양한 발음을 가집니다.

영어 읽는 법을 학습하실 때, 각각의 알파벳이 가지는
모든 발음을 외우는 것은 매우 비효율적이기 때문에
각각의 알파벳이 '이렇게 발음되기도 하구나!' 라고 열린 마음을
가지는 것이 매우 중요합니다.

오른쪽의 표를 통해 영어 발음의 다양성을 이해하시고,
영어 단어의 발음을 추측하시는데 활용해 보시길 바랍니다.

MP3 다운로드 & 듣기

🔍 한눈에 살펴보기

▶영어의 알파벳은 아래와 같이 다양한 발음이 될 수 있어요.

	A a	E e	I i	O o	U u
모음	[애] [에이] [아][이] [오/어]	[이(E)] [에] [어/으]	[아이] [이] [어/으]	[오(우)] [어][으] [아] [우/으]	[어] [우/으] [우][유] [이]
	oo		**W w** (반자음)	**Y y** (반자음)	
	[우/으] [우][어]		[워] [와] [위] [웨] [웨이] [우]	[야] [예] [유] [요(우)] [이] [아이]	

	B b	C c	D d	F f	G g
자음	[ㅂ]	[ㅋ] [ㅆ]	[ㄷ]	[ㅍ(f)]	[ㄱ] [ㅈ]
	H h	J j	K k	L l	M m
	[ㅎ] [묵음]	[ㅈ]	[ㅋ] [묵음]	[ㄹ] [ㄹㄹ]	[ㅁ]
	N n	P p	Q q	R r	S s
	[ㄴ]	[ㅍ]	[ㅋ]	[ㄹ(r)]	[ㅅ] [ㅆ] [ㅈ(z)]
	T t	V v	X x	Z z	
	[ㅌ] [ㄹ]	[ㅂ(v)]	[ㅋㅆ] [ㄱㅈ] [ㅈ(z)]	[ㅈ(z)]	

ch	sh	ph	th	ng	nk
[ㅊ] [ㅋ] [ㅅ(sh)]	[ㅅ(sh)]	[ㅍ(f)]	[ㄸ(th)] [ㄷ(th)]	[받침ㅇ]	[ㅇㅋ]

＊반자음 : w, y와 같은 이중 모음의 첫소리
＊＊이 표는 발음 학습에 참고만 하시고, 절대 외우지 마세요!
＊＊＊영어의 발음에는 예외적인 쓰임이 많아 표에서 다루지 않은 발음이 될 수도 있어요.

A a
에이

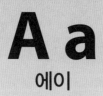

A는 우리말의 [애], [에이], [아], [이], [오/어] 같이
다양한 발음을 가지고 있어요.
단어 속의 a가 어떤 발음이 될 수 있는지
알아보세요.

MP3 01-1

다음 단어를 듣고 따라 말해 보세요.   1번 말하고 1칸 체크 ☐ ☐ ☐ ☐ ☐

---

man
[맨]

m + a + n
[ㅁ+애+ㄴ]

*'애' 발음은 턱을 많이 내리면서
조금 길게 발음합니다.

(성인) 남자

---

age
[에이쥐]
[에이 ㅈ]

a + g + (e)
[에이+ㅈ+묵음]

*묵음은 괄호( )로 표기합니다.

나이

---

art
[알(r)-트]
[알(r)-ㅌ]

a + r + t
[아-+ㄹ(r)+ㅌ]

예술, 미술

---

manager
[매니절(r)]

m + a + n + a + g + e + r
[ㅁ+애+ㄴ+이+ㅈ+어+ㄹ(r)]

매니저, 관리인

---

salt
[쏠-트]
[썰-트]

s + a + l + t
[ㅆ+오-/어-+ㄹ+ㅌ]

소금

---

call
[콜-][컬-]

c + a + ll
[ㅋ+오-/어-+ㄹ]

~에게 전화를 걸다

16

E e
E- (이-)

E는 우리말의 [이(E)], [에], [어/으] 같이 다양한 발음을 가지고 있어요.
단어 속의 e가 어떤 발음이 될 수 있는지 알아보세요.

MP3 01-2

다음 단어를 듣고 따라 말해 보세요.　　　1번 말하고 1칸 체크 ☐☐☐☐☐

	enjoy [인조이] [인죠이]	e + n + j + o + y [이(E)+ㄴ+ㅈ+오+이] ＊j + [오] → [죠]	～을 즐기다
시작해볼까?	**begin** [비긴]	b + e + g + i + n [ㅂ+이(E)+ㄱ+이+ㄴ]	시작하다
10	**ten** [텐]	t + e + n [ㅌ+에+ㄴ] ＊'에' 발음은 턱을 살짝 내리며 짧게 발음합니다.	10 (숫자)
	egg [에그]	e + gg [에+ㄱ]	달걀, 알
	her [헐(r)]	h + e + r [ㅎ+어+ㄹ(r)]	그녀, 그녀의
Befor VS After VS	**after** [애프(f)털(r)]	a + f + t + e + r [애+ㅍ(f)+ㅌ+어+ㄹ(r)]	～후에

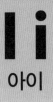

I i
아이

I는 우리말의 [아이], [이], [어/으] 같이
다양한 발음을 가지고 있어요.
단어 속의 i가 어떤 발음이 될 수 있는지
알아보세요.

MP3 01-3

다음 단어를 듣고 따라 말해 보세요.

1번 말하고 1칸 체크 ☐☐☐☐☐

ice
[아이쓰]

i + c + (e)
[아이+ㅆ+묵음]

얼음

idea
[아이디-어]

i + d + e + a
[아이+ㄷ+이-+어]

아이디어

in
[인]

i + n
[이+ㄴ]

~안에

big
[빅]

b + i + g
[ㅂ+이+ㄱ]

큰

first
[쀨(r)-스트]

f + i + r + s + t
[ㅍ(f)+어-+ㄹ(r)+ㅅ+ㅌ]
*f + [어-] → [쀠-]

첫 번째(의)

holiday
[할러데이]

h + o + l + i + d + a + y
[ㅎ+아+ㄹ ㄹ+어+ㄷ+에+이]
*a가 [에]발음이 되기도 합니다.

(공)휴일, 명절

18

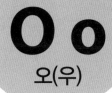

O o
오(우)

O는 우리말의 [오(우)], [어], [어/으], [아], [우/으] 같이 다양한 발음을 가지고 있어요.
단어 속의 o가 어떤 발음이 될 수 있는지 알아보세요.

MP3 01-4

다음 단어를 듣고 따라 말해 보세요.

1번 말하고 1칸 체크 ☐ ☐ ☐ ☐ ☐

	old [오울드] [올-드]	o + l + d [오(우)+ㄹ+ㄷ]	낡은, 나이 많은
	open [오(우)픈]	o + p + e + n [오(우)+ㅍ+으+ㄴ]	~을 열다, 열려 있는
	son [썬]	s + o + n [ㅆ+어+ㄴ]	아들
	lion [라이언] [라이은]	l + i + o + n [ㄹ+아이+어/으+ㄴ]	사자
	not [낱][나ㅌ]	n + o + t [ㄴ+아+ㅌ]	(부정의 의미) 아니다
	to [투][트]	t + o [ㅌ+우/으]	~에, ~로

U u
유-

U는 우리말의 [어], [우/으], [우], [유], [이] 같이 다양한 발음을 가지고 있어요.
단어 속의 u가 어떤 발음이 될 수 있는지 알아보세요.

MP3 01-5

다음 단어를 듣고 따라 말해 보세요.   1번 말하고 1칸 체크 ☐ ☐ ☐ ☐ ☐

	sun [썬]	s + u + n [ㅆ+어+ㄴ]	해, 태양
	fun [풘]	f + u + n [ㅍ(f)+어+ㄴ] ＊f + [어] → [풔]	즐거운, 즐거움
	put [풑][푸ㅌ] [픝][프ㅌ]	p + u + t [ㅍ+우/으+ㅌ]	～을 넣다, ～을 놓다
	flu [플(f)루-]	f + l + u [ㅍ(f)+ㄹㄹ+우-]	독감
	use [유-즈(z)]	u + s + (e) [유-+ㅈ(z)+묵음]	～을 사용하다
	business [비즈(z)니쓰]	b + u + s + (i) + n + e + ss [ㅂ+이+ㅈ(z)+묵음+ㄴ+이+ㅆ]	사업, 비즈니스

oo

oo는 우리말의 [우/으], [우], [어] 같이
다양한 발음을 가지고 있어요.
단어 속의 oo가 어떤 발음이 될 수 있는지
알아보세요.

MP3 01-6

다음 단어를 듣고 따라 말해 보세요.

1번 말하고 1칸 체크 ☐ ☐ ☐ ☐ ☐

	good [굳][귿]	g + oo + d [ㄱ+우/으+ㄷ]	좋은
	look [룩][륵]	l + oo + k [ㄹ+우/으+ㅋ]	쳐다보다
	moon [문-]	m + oo + n [ㅁ+우-+ㄴ]	달
	roof [루(r)-프(f)]	r + oo + f [ㄹ(r)+우-+ㅍ(f)]	지붕
	blood [블러드]	b + l + oo + d [ㅂ+ㄹ ㄹ+어+ㄷ]	피, 혈액
	flood [플(f)러드]	f + l + oo + d [ㅍ(f)+ㄹ ㄹ+어+ㄷ]	홍수

W w
더블유-

모음 앞에 위치한 w는 우리말의 [우] 같이
발음됩니다. 단어 속의 w가 뒤의 모음과 합쳐져
[워], [와], [위], [웨], [웨이], [우] 등
다양한 발음이 될 수 있어요.

MP3 01-7

다음 단어를 듣고 따라 말해 보세요.   1번 말하고 1칸 체크 ☐☐☐☐☐

	want [원(트)]	wa + n + t [워+ㄴ+ㅌ]	~을 원하다
	watch [와-취] [와-ㅊ]	wa + (t) + ch [와-+묵음+ㅊ]	손목시계, ~을 보다
	we [위-]	we [위-]	우리(들)
	welcome [웰컴]	we + l + c + o + m + (e) [웨+ㄹ+ㅋ+어+ㅁ+묵음]	환영하다
	wave [웨이브(v)]	wa + v + (e) [웨이+ㅂ(v)+묵음]	파도
	wolf [울프(f)]	wo + l + f [우+ㄹ+ㅍ(f)]	늑대

Y y
와이

모음 앞에 위치한 y는 뒤의 모음과 합쳐져
이중모음으로 발음됩니다. 단어 속의 y가
뒤의 모음과 합쳐져 [야], [예], [유], [요(우)], [이],
[아이] 등 다양한 발음이 될 수 있어요.

MP3 01-8

다음 단어를 듣고 따라 말해 보세요.　　　　1번 말하고 1칸 체크 ☐ ☐ ☐ ☐ ☐

---

yard
[얄(r)-드]

ya + r + d
[야-+ㄹ(r)+ㄷ]

마당, 정원

---

yes
[예쓰]

ye + s
[예+ㅆ]

네, 그래요

---

you
[유-]

you
[유-]

너, 너희들, 여러분

---

yogurt
[요(우)걸(r)트]

yo + g + u + r + t
[요(우)+ㄱ+어+ㄹ(r)+ㅌ]

요구르트

---

sunny
[써니]

s + u + nn + y
[ㅆ+어+ㄴ+이]

화창한, 맑은

---

my
[마이]

m + y
[ㅁ+아이]

나의

Review 2

발음 01
- ☐ man
- ☐ age
- ☐ art
- ☐ manager
- ☐ salt
- ☐ call

발음 02
- ☐ enjoy
- ☐ begin
- ☐ ten
- ☐ egg
- ☐ her
- ☐ after

발음 03
- ☐ ice
- ☐ idea
- ☐ in
- ☐ big
- ☐ first
- ☐ holiday

발음 04
- ☐ old
- ☐ open
- ☐ son
- ☐ lion
- ☐ not
- ☐ to

발음 05
- ☐ sun
- ☐ fun
- ☐ put
- ☐ flu
- ☐ use
- ☐ business

발음 06

☐ good　　☐ look　　☐ moon

☐ roof　　☐ blood　　☐ flood

발음 07

☐ want　　☐ watch　　☐ we

☐ welcome　　☐ wave　　☐ wolf

발음 08

☐ yard　　☐ yes　　☐ you

☐ yogurt　　☐ sunny　　☐ my

B b

비-

B는 우리말의 [ㅂ]와 비슷하게 발음합니다.
단어 속의 b가 어떤 발음이 되는지 알아보세요.

MP3 01-9

다음 단어를 듣고 따라 말해 보세요. 1번 말하고 1칸 체크 ☐ ☐ ☐ ☐ ☐

	bed [베드]	**b + e + d** [ㅂ+에+ㄷ]	침대
	bad [배드]	**b + a + d** [ㅂ+애+ㄷ]	나쁜, 안 좋은
	ball [볼-][벌-]	**b + a + ll** [ㅂ+오-/어-+ㄹ]	공
	book [북][븍]	**b + oo + k** [ㅂ+우/으+ㅋ]	책
	baby [베이비]	**b + a + b + y** [ㅂ+에이+ㅂ+이]	아기
	bench [벤치][벤ㅊ]	**b + e + n + ch** [ㅂ+에+ㄴ+ㅊ]	벤치, 긴 의자

C c
씨-

C는 우리말의 [ㅋ]와 비슷하게 발음하며,
[ㅆ]소리를 내기도 합니다.
단어 속의 c가 어떤 발음이 될 수 있는지
알아보세요.

MP3 01-10

다음 단어를 듣고 따라 말해 보세요.   1번 말하고 1칸 체크 ☐ ☐ ☐ ☐ ☐

	cat [캩][캐ㅌ]	**c + a + t** [ㅋ+애+ㅌ]	고양이
	cup [컾][커ㅍ]	**c + u + p** [ㅋ+어+ㅍ]	컵
	cake [케이크][케이ㅋ]	**c + a + k + (e)** [ㅋ+에이+ㅋ+묵음]	케이크
	city [씨리][씨티]	**c + i + t + y** [ㅆ+이+ㄹ/ㅌ+이]	도시
	face [풰이쓰][풰이ㅆ]	**f + a + c + (e)** [ㅍ(f)+에이+ㅆ+묵음] * f + [에이] → [풰이]	얼굴
	rice [라이쓰]	**r + i + c + (e)** [ㄹ(r)+아이+ㅆ+묵음] * r + [아이] → [라이]	쌀, 밥

27

D d
디-

D는 우리말의 [ㄷ]와 비슷하게 발음합니다.
단어 속의 d가 어떤 발음이 되는지 알아보세요.

MP3 01-11

다음 단어를 듣고 따라 말해 보세요.　　　1번 말하고 1칸 체크　☐☐☐☐☐

	desk [데스크]	d + e + s + k [ㄷ+에+ㅅ+ㅋ]	책상
	deep [딮-][디-프]	d + ee + p [ㄷ+이-+ㅍ]	깊은
	dinner [디널(r)]	d + i + nn + e + r [ㄷ+이+ㄴ+어+ㄹ(r)]	저녁식사
	lid [리드][리ㄷ]	l + i + d [ㄹ+이+ㄷ]	뚜껑
	mud [머드][머ㄷ]	m + u + d [ㅁ+어+ㄷ]	진흙
	god [갇][가ㄷ]	g + o + d [ㄱ+아+ㄷ]	신

F f
에프(f)

F는 우리말의 [ㅍ]와 비슷하지만, 우리말에는 없는 발음입니다. 윗니로 아랫입술을 살짝 깨문 상태에서 살짝 바람을 불 듯 [ㅍ]발음을 합니다.

MP3 01-12

다음 단어를 듣고 따라 말해 보세요.   1번 말하고 1칸 체크 ☐ ☐ ☐ ☐ ☐

---

food
[푸(f)-드]
[푸(f)-ㄷ]

f + oo + d
[ㅍ (f)+우-+ㄷ]

음식

---

fish
[퓌쉬]
[퓌 ㅅ (sh)]

f + i + sh
[ㅍ (f)+이+ㅅ (sh)]
* f + [이] → [퓌]

물고기, 생선

---

flag
[플(f)래그]

f + l + a + g
[ㅍ (f)+ㄹ ㄹ+애+ㄱ]

깃발

---

funny
[풔니]

f + u + nn + y
[ㅍ (f)+어+ㄴ+이]
* f + [어] → [풔]

웃긴

---

life
[라이프(f)]
[라이ㅍ (f)]

l + i + f + (e)
[ㄹ+아이+ㅍ (f)+묵음]

인생, 삶

---

safe
[쎄이프(f)]
[쎄이ㅍ (f)]

s + a + f + (e)
[ㅆ+에이+ㅍ (f)+묵음]

안전한

G g
쥐-

G는 우리말의 [ㄱ] 또는 [ㅈ]와 비슷하게 발음합니다.
단어 속의 g가 어떤 발음이 될 수 있는지 알아보세요.

MP3 01-13

다음 단어를 듣고 따라 말해 보세요.
1번 말하고 1칸 체크 ☐ ☐ ☐ ☐ ☐

	go [고(우)]	g + o [ㄱ+오(우)]	가다
	gift [기프(f)ㅌ]	g + i + f + t [ㄱ+이+ㅍ(f)+ㅌ]	선물, 재능
	game [게임]	g + a + m + (e) [ㄱ+에이+ㅁ+묵음]	게임, 경기
	gym [짐]	g + y + m [ㅈ+이+ㅁ]	체육관, 헬스장
	gene [진-]	g + e + n + (e) [ㅈ+이-+ㄴ+묵음]	유전자
	giant [자이언트] [자이은트]	g + i + a + n + t [ㅈ+아이+어/으+ㄴ+ㅌ]	거인

H h
에이취

H는 우리말의 [ㅎ]와 비슷하게 발음하며, 소리를 내지 않는 [묵음]이 되기도 합니다. 단어 속의 h가 어떤 발음이 될 수 있는지 알아보세요.

MP3 01-14

다음 단어를 듣고 따라 말해 보세요.

1번 말하고 1칸 체크 ☐ ☐ ☐ ☐ ☐

he [히]	**h + e** [ㅎ + 이]		그 (남자)
ham [햄]	**h + a + m** [ㅎ + 애 + ㅁ]		햄
happy [해피]	**h + a + pp + y** [ㅎ + 애 + ㅍ + 이]		행복한
honor [어널(r)] [아널(r)] 당선이라니ㅡ!!	**(h) + o + n + o + r** [묵음 + 어 + ㄴ + 어 + ㄹ (r)]		영광, 명예
honest [어니스트] [어니ㅅㅌ]	**(h) + o + n + e + s + t** [묵음 + 어 + ㄴ + 이 + ㅅ + ㅌ]		정직한
ghost [고(우)스트]	**g + (h) + o + s + t** [ㄱ + 묵음 + 오(우) + ㅅ + ㅌ]		귀신, 유령

J j
제이

J는 우리말의 [ㅈ]와 비슷하게 발음합니다.
단어 속의 j가 어떤 발음이 되는지 알아보세요.

MP3 01-15

다음 단어를 듣고 따라 말해 보세요.　　　　　1번 말하고 1칸 체크　☐ ☐ ☐ ☐ ☐

---

jam
[잼]

j + a + m
[ㅈ +애+ ㅁ]

(과일) 잼

---

job
[잡]
[좝]

j + o + b
[ㅈ +아+ ㅂ]
* j + [아] → [좌]

직업, 일

joke
[조우크]
[조우ㅋ]

j + o + k + (e)
[ㅈ +오우+ ㅋ +묵음]

농담

---

jump
[점프]

j + u + m + p
[ㅈ +어+ ㅁ + ㅍ]

점프, 점프하다

June
[준-]

J + u + n + (e)
[ㅈ +우-+ ㄴ +묵음]

6월

July
[줄-라이]

J + u + l + y
[ㅈ +우-+ ㄹ ㄹ +아이]

7월

K k
케이

K는 우리말의 [ㅋ]와 비슷하게 발음하며,
소리를 내지 않는 [묵음]이 되기도 합니다.
단어 속의 k가 어떤 발음이 될 수 있는지
알아보세요.

MP3 01-16

다음 단어를 듣고 따라 말해 보세요.　　　　1번 말하고 1칸 체크 ☐ ☐ ☐ ☐ ☐

	king [킹]	**k + i + ng** [ㅋ+이+ㅇ]	왕
	Kate [케이트][케이 ㅌ]	**K + a + t + (e)** [ㅋ+에이+ㅌ+묵음]	Katherine의 애칭 (여자 이름)
	sky [스카이]	**s + k + y** [ㅅ+ㅋ+아이]	하늘
	know [노(우)]	**(k) + n + ow** [묵음+ㄴ+오(우)]	~을 알다
	knee [니-]	**(k) + n + ee** [묵음+ㄴ+이-]	무릎
	knife [나이프(f)]	**(k) + n + i + f + (e)** [묵음+ㄴ+아이+ㅍ(f)+묵음]	칼

Ll

엘

L은 우리말의 [ㄹ] 또는 [ㄹㄹ]와 비슷하게 발음합니다.
단어 속의 l이 어떤 발음이 될 수 있는지 알아보세요.

MP3 01-17

다음 단어를 듣고 따라 말해 보세요.

1번 말하고 1칸 체크 ☐ ☐ ☐ ☐ ☐

lips
[립쓰]

l + i + p + s
[ㄹ + 이 + ㅍ + 쓰]

입술

lunch
[런취][런 ㅊ]

l + u + n + ch
[ㄹ + 어 + ㄴ + ㅊ]

점심식사

help
[헬프][헬 ㅍ]

h + e + l + p
[ㅎ + 에 + ㄹ + ㅍ]

도움,
~을 돕다

fly
[플(f)라이]

f + l + y
[ㅍ(f) + ㄹ ㄹ + 아이]

날다

plus
[플러쓰]

p + l + u + s
[ㅍ + ㄹ ㄹ + 어 + 쓰]

~을 더하여,
게다가

class
[클래쓰]

c + l + a + ss
[ㅋ + ㄹ ㄹ + 애 + 쓰]

수업,
반, 학급

M m
엠

M은 우리말의 [ㅁ]와 비슷하게 발음합니다.
단어 속의 m이 어떤 발음이 되는지 알아보세요.

MP3 01-18

다음 단어를 듣고 따라 말해 보세요.   1번 말하고 1칸 체크 ☐ ☐ ☐ ☐ ☐

	map [맵][매ㅍ]	m + a + p [ㅁ+애+ㅍ]	지도
	math [매뜨(th)]	m + a + th [ㅁ+애+ㄸ(th)]	수학
	many [메니]	m + a + n + y [ㅁ+에+ㄴ+이] * a가 '애' 발음이 아닌 '에' 발음이 되는 경우도 가끔 있어요.	(수가) 많은
	much [머취][머ㅊ]	m + u + ch [ㅁ+어+ㅊ]	(양이) 많은
	music [뮤-직(z)]	m + u + s + i + c [ㅁ+유-+ㅈ(z)+이+ㅋ]	음악
	melon [멜런][멜른]	m + e + l + o + n [ㅁ+에+ㄹㄹ+어/으+ㄴ]	멜론, 참외

Review 3

다음 단어를 읽고 □에 체크하세요.

생각나지 않으면 앞 페이지를 복습하세요.

발음 09
- [ ] bed
- [ ] bad
- [ ] ball
- [ ] book
- [ ] baby
- [ ] bench

발음 10
- [ ] cat
- [ ] cup
- [ ] cake
- [ ] city
- [ ] face
- [ ] rice

발음 11
- [ ] desk
- [ ] deep
- [ ] dinner
- [ ] lid
- [ ] mud
- [ ] god

발음 12
- [ ] food
- [ ] fish
- [ ] flag
- [ ] funny
- [ ] life
- [ ] safe

발음 13
- [ ] go
- [ ] gift
- [ ] game
- [ ] gym
- [ ] gene
- [ ] giant

다음 단어를 읽고 □에 체크하세요. 생각나지 않으면 앞 페이지를 복습하세요.

발음 14
- □ he
- □ ham
- □ happy
- □ honor
- □ honest
- □ ghost

발음 15
- □ jam
- □ job
- □ joke
- □ jump
- □ June
- □ July

발음 16
- □ king
- □ Kate
- □ sky
- □ know
- □ knee
- □ knife

발음 17
- □ lips
- □ lunch
- □ help
- □ fly
- □ plus
- □ class

발음 18
- □ map
- □ math
- □ many
- □ much
- □ music
- □ melon

N n
엔

N은 우리말의 [ㄴ]와 비슷하게 발음합니다.
단어 속의 n이 어떤 발음이 되는지 알아보세요.

MP3 01-19

다음 단어를 듣고 따라 말해 보세요.   1번 말하고 1칸 체크 ☐☐☐☐☐

	nap [냅]	n + a + p [ㄴ +애+ ㅍ]	낮잠, 낮잠 자다
	neck [넥]	n + e + ck [ㄴ +에+ ㅋ]	목 (신체부위)
	nose [노(우)즈(z)]	n + o + s + (e) [ㄴ +오(우)+ ㅈ (z)+묵음]	코 (신체부위)
	name [네임]	n + a + m + (e) [ㄴ +에이+ ㅁ +묵음]	이름
	nurse [널(r)-쓰]	n + u + r + s + (e) [ㄴ +어-+ㄹ (r)+ ㅆ +묵음]	간호사
	noise [노이즈(z)]	n + o + i + s + (e) [ㄴ +오/어+이+ ㅈ (z)+묵음]	소음

P p
피-

P는 우리말의 [ㅍ]와 비슷하게 발음합니다.
단어 속의 p가 어떤 발음이 되는지 알아보세요.

MP3 01-20

다음 단어를 듣고 따라 말해 보세요.　　　　1번 말하고 1칸 체크 ☐☐☐☐☐

pen [펜]	p + e + n [ㅍ+에+ㄴ]	펜, 볼펜
pig [피그][피ㄱ]	p + i + g [ㅍ+이+ㄱ]	돼지
park [팔(r)-크]	p + a + r + k [ㅍ+아-+ㄹ(r)+ㅋ]	공원, 주차하다
plan [플랜]	p + l + a + n [ㅍ+ㄹ ㄹ+애+ㄴ]	계획, ~을 계획하다
place [플레이쓰]	p + l + a + c + (e) [ㅍ+ㄹ ㄹ+에이+ㅆ+묵음]	장소, 곳
price [프롸이쓰]	p + r + i + c + (e) [ㅍ+ㄹ(r)+아이+ㅆ+묵음] ＊r + [아이] → [롸이]	가격

Q q
큐-

Q는 우리말의 [ㅋ]와 비슷하게 발음합니다.
단어 속의 q가 어떤 발음이 되는지 알아보세요.

MP3 01-21

다음 단어를 듣고 따라 말해 보세요.　　　1번 말하고 1칸 체크 ☐☐☐☐☐

| | quit [큍][퀴 ㅌ] | q + u + i + t [ㅋ+우+이+ㅌ] | ~을 그만두다 |

| | quiz [퀴즈(z)] | q + u + i + z [ㅋ+우+이+ㅈ (z)] | 퀴즈 |

| | quick [퀵][퀴 ㅋ] | q + u + i + ck [ㅋ+우+이+ㅋ] | 재빠른 |

| | queen [퀸-] | q + u + ee + n [ㅋ+우+이-+ㄴ] | 여왕 |

| | equal [이-퀄][E-꿜] | e + q + u + a + l [이(E)-+ㅋ+우+어/으+ㄹ] * q가 [ㄲ]처럼 발음되기도 합니다. | 동등한, 같은 |

| | unique [유-니-크] | u + n + i + q + (ue) [유-+ㄴ+이-+ㅋ+묵음] | 독특한, 유일한 |

R r
알(r)-

R은 우리말의 [ㄹ]와 비슷하지만, 우리말에서는 흔하지 않은 발음입니다. 혀가 입천장에 닿지 않도록 혀를 말아 올려 굴리듯 [ㄹ]발음을 합니다.

MP3 01-22

다음 단어를 듣고 따라 말해 보세요.   1번 말하고 1칸 체크 ☐ ☐ ☐ ☐ ☐

	run [뤈]	r + u + n [ㄹ (r)+어+ㄴ] * r + [어] → [뤄]	달리다, 뛰다
	red [뤠드]	r + e + d [ㄹ (r)+에+ㄷ] * r + [에] → [뤠]	빨강, 빨간
	rose [로(r)(우)즈(z)]	r + o + s + (e) [ㄹ (r)+오(우)+ㅈ (z)+묵음]	장미
	room [룸(r)-]	r + oo + m [ㄹ (r)+우-+ㅁ]	방
	risk [뤼스크]	r + i + s + k [ㄹ (r)+이+ㅅ+ㅋ] * r + [이] → [뤼]	위험, 리스크
	rabbit [뤠빝][뤠비ㅌ]	r + a + bb + i + t [ㄹ (r)+애+ㅂ+이+ㅌ] * r + [애] → [뤠]	토끼

S s
에쓰

S는 우리말의 [ㅅ] 또는 [ㅆ]와 비슷하게 발음하며,
[ㅈ(z)]소리를 내기도 합니다.
단어 속의 s가 어떤 발음이 될 수 있는지
알아보세요.

MP3 01-23

다음 단어를 듣고 따라 말해 보세요.   1번 말하고 1칸 체크 ☐☐☐☐☐

	ski [스키-]	s + k + i [ㅅ+ㅋ+이-]	스키, 스키 타다
	skin [스킨]	s + k + i + n [ㅅ+ㅋ+이+ㄴ]	피부
	sad [쌔드]	s + a + d [ㅆ+애+ㄷ]	슬픈
	seed [씨-드]	s + ee + d [ㅆ+이-+ㄷ]	씨앗
	his [히즈(z)]	h + i + s [ㅎ+이+ㅈ(z)]	그의, 그의 것
	busy [비지(z)]	b + u + s + y [ㅂ+이+ㅈ(z)+이]	바쁜

T t
티-

T는 우리말의 [ㅌ]와 비슷하게 발음하며, 2개의 모음 사이 있는 t는 [ㄹ]소리를 내기도 합니다. 단어 속의 t가 어떤 발음이 될 수 있는지 알아보세요.

 MP3 01-24

다음 단어를 듣고 따라 말해 보세요.　　　　1번 말하고 1칸 체크 ☐☐☐☐☐

	tall [톨-][털-]	t + a + ll [ㅌ+오-/어-+ㄹ]	키가 큰
	tent [텐트]	t + e + n + t [ㅌ+에+ㄴ+ㅌ]	텐트
	cut [컽][커ㅌ]	c + u + t [ㅋ+어+ㅌ]	~을 자르다
	duty [듀-리][듀-티]	d + u + t + y [ㄷ+유-+ㄹ/ㅌ+이]	의무
	water [워-럴(l/r)][워-터]	wa + t + e + r [워-+ㄹ/ㅌ+어+ㄹ(r)]	물
	butter [버럴(r)][버터]	b + u + tt + e + r [ㅂ+어+ㄹ/ㅌ+어+ㄹ(r)]	버터

V v

뷔-

V는 우리말의 [ㅂ]와 비슷하지만, 우리말에는 없는 발음입니다. 윗니로 아랫입술을 살짝 깨문 상태에서 입술이 살짝 떨리 듯 [ㅂ]발음을 합니다.

MP3 01-25

다음 단어를 듣고 따라 말해 보세요.   1번 말하고 1칸 체크 ☐☐☐☐☐

very
[붸뤼]

v + e + r + y
[ㅂ (v)+에+ㄹ (r)+이]
* v + [에] → [붸]
* r + [이] → [뤼]

매우, 아주

---

vase
[붸이쓰]

v + a + s + (e)
[ㅂ (v)+에이+ㅆ+묵음]
* v + [에이] → [붸이]

꽃병

---

visit
[뷔지(z)ㅌ][뷔짙(z)]

v + i + s + i + t
[ㅂ (v)+이+ㅈ (z)+이+ㅌ]
* v + [이] → [뷔]

(사람, 장소 등)
~을 방문하다

---

five
[파이브(v)]

f + i + v + (e)
[ㅍ (f)+아이+ㅂ (v)+묵음]
* f + [아이] → [파이]

5 (숫자)

navy
[네이뷔]

n + a + v + y
[ㄴ +에이+ㅂ (v)+이]
* v + [이] → [뷔]

해군,
남색의

river
[뤼붤(r)]

r + i + v + e + r
[ㄹ (r)+이+ㅂ (v)+어+ㄹ (r)]
* r + [이] → [뤼]
* v + [어] → [붜]

강

X x
엑쓰

X는 우리말의 [ㅋ ㅆ], [그ㅈ(z)]와 비슷하게 발음하며,
[ㅈ(z)] 소리를 내기도 합니다.
단어 속의 x가 어떤 발음이 될 수 있는지
알아보세요.

MP3 01-26

다음 단어를 듣고 따라 말해 보세요.　　　　1번 말하고 1칸 체크　☐ ☐ ☐ ☐ ☐

	taxi [택씨]	t + a + x + i [ㅌ +애+ㅋ ㅆ+이]	택시
	expert [엑쓰펄(r)-트]	e + x + p + e + r + t [에+ㅋ ㅆ+ㅍ+어-+ㄹ (r)+ㅌ]	전문가
	exam [ㅌ그잼(z)]	e + x + a + m [ㅌ+그ㅈ (z)+애+ㅁ]	시험
	exist [ㅌ그지(z)스트]	e + x + i + s + t [ㅌ+그ㅈ (z)+이+ㅅ + ㅌ]	존재하다
	xylitol [자(z)일러톨-]	x + y + l + i + t + o + l [ㅈ (z)+아이+ㄹ ㄹ+어+ㅌ +어-/오-+ㄹ]	자일리톨 (감미료)
	**xylophone** [자(z)일러포(f)운]	x + y + l + o + ph + o + n + (e) [ㅈ (z)+아이+ㄹ ㄹ+어+ㅍ (f)+오우+ㄴ +묵음]	실로폰

Z z

지(z)-

Z는 우리말의 [ㅈ]와 비슷하지만, 우리말에는 없는 발음입니다. 윗니와 아랫니가 아주 살짝 닿은 상태에서 진동을 주어 떨리 듯 [ㅈ]발음을 합니다.

MP3 01-27

다음 단어를 듣고 따라 말해 보세요.

1번 말하고 1칸 체크 ☐☐☐☐☐

zoo
[쥬(z)-]

z + oo
[ㅈ(z)+우-]
* z + [우-] → [쥬(z)-]

동물원

zero
[지(z)로(r)우]

z + e + r + o
[ㅈ(z)+이+ㄹ(r)+오우]

0 (숫자)

zone
[존(z)-]
[죠(z)운]

z + o + n + (e)
[ㅈ(z)+오(우)+ㄴ+묵음]
* z + [오(우)] → [죠(우)]

구역

zoom
[쥼(z)-]

z + oo + m
[ㅈ(z)+우-+ㅁ]
* z + [우-] → [쥬(z)-]

(인물, 장면) 확대하다, 축소하다

zebra
[지(z)-브뤄]

z + e + b + r + a
[ㅈ(z)+이-+ㅂ+ㄹ(r)+어]
* r + [어] → [뤄]

얼룩말

jazz
[재즈(z)]

j + a + zz
[ㅈ+애+ㅈ(z)]

재즈 (음악)

ch

ch는 우리말의 [ㅊ] 또는 [ㅋ]와 비슷하게 발음하며,
[ㅅ(sh)] 소리를 내기도 합니다.
단어 속의 ch가 어떤 발음이 될 수 있는지
알아보세요.

MP3 01-28

다음 단어를 듣고 따라 말해 보세요.　　　1번 말하고 1칸 체크 ☐ ☐ ☐ ☐ ☐

child
[차일드]

ch + i + l + d
[ㅊ+아이+ㄹ+ㄷ]

아이, 어린이

rich
[뤼취][뤼 ㅊ]

r + i + ch
[ㄹ (r)+이+ㅊ]
* r + [이] → [뤼]

부유한

tech
[텍][테크]

t + e + ch
[ㅌ+에+ㅋ]

첨단 기술,
과학 기술

school
[스쿨-][쓰꿀-]

s + ch + oo + l
[ㅅ+ㅋ+우-+ㄹ]
* ch가 [ㄲ]처럼 발음되기도 합니다.

학교

chef
[쉐프(f)]

ch + e + f
[ㅅ (sh)+에+ㅍ (f)]
* ㅅ(sh) + [에] → [쉐]

요리사, 주방장

chic
[쉬-크][쉬- ㅋ]

ch + i + c
[ㅅ (sh)+이-+ㅋ]
* ㅅ(sh) + [이-] → [쉬-]

세련된, 시크한

47

sh

sh는 우리말의 [ㅅ]와 비슷하지만, 우리말에서는 흔하지 않은 발음입니다. 입술을 둥근 모양으로 내민 상태에서 바람이 세어 나가 듯 [ㅅ]발음을 합니다.

MP3 01-29

다음 단어를 듣고 따라 말해 보세요. 1번 말하고 1칸 체크 ☐☐☐☐☐

she [쉬-]	sh + e [ㅅ(sh)+이-] ＊ sh + [이-] → [쉬-]	그녀
shy [샤이]	sh + y [ㅅ(sh)+아이] ＊ sh + [아이] → [샤이]	수줍음 많은
ship [쉽]	sh + i + p [ㅅ(sh)+이+ㅍ] ＊ sh + [이] → [쉬]	(큰) 배
cash [캐쉬][캐ㅅ]	c + a + sh [ㅋ+애+ㅅ(sh)]	현금
dish [디쉬]	d + i + sh [ㄷ+이+ㅅ(sh)]	접시, 요리
wish [위쉬]	w + i + sh [우+이+ㅅ(sh)]	소망, 소망하다

ph

ph는 우리말의 [ㅍ]와 비슷하지만, 우리말에는 없는 발음입니다. 윗니로 아랫입술을 살짝 깨문 상태에서 살짝 바람을 불 듯 [ㅍ(f)]발음을 합니다.

MP3 01-30

다음 단어를 듣고 따라 말해 보세요.　　　　1번 말하고 1칸 체크 ☐☐☐☐☐

---

phone
[폰(f)-][포(f)운]

ph + o + n + (e)
[ㅍ(f)+오우+ㄴ+묵음]

전화기

photo
[포(f)(우)로(우)]
[포(f)-토]

ph + o + t + o
[ㅍ(f)+오우+ㄹ/ㅌ+오우]

* 모음 사이의 t는 [ㄹ]로 발음됩니다.

사진

phobia
[포(f)(우)비아]
[포(f)(우)비어]

ph + o + b + i + a
[ㅍ(f)+오우+ㅂ+이+아/어]

공포증

---

dolphin
[돌퓐(f)]

d + o + l + ph + i + n
[ㄷ+오/어+ㄹ+ㅍ(f)+이+ㄴ]

* ㅍ(f) + [이] → [퓌]

돌고래

---

graph
[그뤠프(f)]

g + r + a + ph
[ㄱ+ㄹ(r)+애+ㅍ(f)]

* r + [애] → [뤠]

그래프

---

graphic
[그뤠퓍(f)]

g + r + a + ph + i + c
[ㄱ+ㄹ(r)+애+ㅍ(f)+이+ㅋ]

* r + [애] → [뤠]
* ㅍ(f) + [이] → [퓌]

그래픽

---

th

th는 우리말의 [ㄸ] 또는 [ㄷ]와 비슷하지만, 우리말에는 없는 발음입니다. 혀를 윗니와 아랫니 사이에 살짝 끼운 상태에서 혀를 뒤로 당기며 [ㄸ]발음을 하거나 혀를 윗니 뒤쪽에 두었다가 떼어내며 [ㄷ]발음을 합니다.

MP3 01-31

다음 단어를 듣고 따라 말해 보세요.　　　　　　1번 말하고 1칸 체크　☐ ☐ ☐ ☐ ☐

	thin [띤(th)]	th + i + n [ㄸ(th)+이+ㄴ]	얇은, (몸) 마른
	bath [배뜨(th)]	b + a + th [ㅂ+애+ㄸ(th)]	목욕
	teeth [티-뜨(th)]	t + ee + th [ㅌ+이-+ㄸ(th)]	(여러 개의) 치아
	this [디(th)쓰] [디(th)ㅆ]	th + i + s [ㄷ(th)+이+ㅆ]	이것, 이 분
	that [댙(th)] [대(th)ㅌ]	th + a + t [ㄷ(th)+애+ㅌ]	저것, 저 분
	**brother** [브뤄덜(th/r)]	b + r + o + th + e + r [ㅂ+ㄹ(r)+어+ㄷ(th)+어+ㄹ(r)] ＊r + [어] → [뤄]	남자형제 (형, 오빠, 남동생)

ng

모음 다음에 위치한 ng는 우리말의 [받침ㅇ] 처럼 발음합니다. 단어 속의 ng가 앞선 모음과 합쳐져 [잉], [옹/엉], [엉], [앵] 등 다양한 발음이 될 수 있습니다.

MP3 01-32

다음 단어를 듣고 따라 말해 보세요.

1번 말하고 1칸 체크 ☐ ☐ ☐ ☐ ☐

---

ring
[링]

r + i + ng
[ㄹ (r)+이+ㅇ]
＊r + [이] → [뤼]

반지

---

sing
[씽]

s + i + ng
[ㅆ+이+ㅇ]

노래 부르다

---

song
[쏭][썽]

s + o + ng
[ㅆ+오/어+ㅇ]

노래

---

long
[롱-]

l + o + ng
[ㄹ+오-+ㅇ]

(길이가) 긴

---

lung
[렁]

l + u + ng
[ㄹ+어+ㅇ]

폐
(신체 장기)

---

slang
[슬랭]

s + l + a + ng
[ㅅ+ㄹ ㄹ+애+ㅇ]

비속어, 은어

nk

모음 다음에 위치한 nk는 우리말의 [ㅇㅋ]와
비슷하게 발음합니다.
단어 속의 nk가 앞선 모음과 합쳐져 어떤 발음이
되는지 알아보세요.

MP3 01-33

다음 단어를 듣고 따라 말해 보세요.   1번 말하고 1칸 체크 ☐ ☐ ☐ ☐ ☐

	bank [뱅크]	b + a + nk [ㅂ+애+ㅇㅋ]	은행
	pink [핑크]	p + i + nk [ㅍ+이+ㅇㅋ]	핑크, 분홍색
	monk [멍크]	m + o + nk [ㅁ+어+ㅇㅋ]	스님
	drink [드륑크]	d + r + i + nk [ㄷ+ㄹ(r)+이+ㅇㅋ] * r+[이]→[뤼]	음료, ~을 마시다
	think [띵(th)크]	th + i + nk [ㄸ(th)+이+ㅇㅋ]	생각하다
	thank [땡(th)크]	th + a + nk [ㄸ(th)+애+ㅇㅋ]	~에게 감사하다

다음 단어를 읽고 □에 체크하세요.　　　　　　　　　생각나지 않으면 앞 페이지를 복습하세요.

발음 19
- ☐ nap
- ☐ neck
- ☐ nose
- ☐ name
- ☐ nurse
- ☐ noise

발음 20
- ☐ pen
- ☐ pig
- ☐ park
- ☐ plan
- ☐ place
- ☐ price

발음 21
- ☐ quit
- ☐ quiz
- ☐ quick
- ☐ queen
- ☐ equal
- ☐ unique

발음 22
- ☐ run
- ☐ red
- ☐ rose
- ☐ room
- ☐ risk
- ☐ rabbit

발음 23
- ☐ ski
- ☐ skin
- ☐ sad
- ☐ seed
- ☐ his
- ☐ busy

발음 24

- [ ] tall
- [ ] tent
- [ ] cut
- [ ] duty
- [ ] water
- [ ] butter

발음 25

- [ ] very
- [ ] vase
- [ ] visit
- [ ] five
- [ ] navy
- [ ] river

발음 26

- [ ] taxi
- [ ] expert
- [ ] exam
- [ ] exist
- [ ] xylitol
- [ ] xylophone

발음 27

- [ ] zoo
- [ ] zero
- [ ] zone
- [ ] zoom
- [ ] zebra
- [ ] jazz

발음 28

- [ ] child
- [ ] rich
- [ ] tech
- [ ] school
- [ ] chef
- [ ] chic

발음 29
- □ she
- □ shy
- □ ship
- □ cash
- □ dish
- □ wish

발음 30
- □ phone
- □ photo
- □ phobia
- □ dolphin
- □ graph
- □ graphic

발음 31
- □ thin
- □ bath
- □ teeth
- □ this
- □ that
- □ brother

발음 32
- □ ring
- □ sing
- □ song
- □ long
- □ lung
- □ slang

발음 33
- □ bank
- □ pink
- □ monk
- □ drink
- □ think
- □ thank

Chapter

02

닮은 단어 읽는 법 & 묵음 발음
(하나를 알면 열을 안다)

비슷하게 생긴 단어는 비슷한 발음을 가지는 경우가 많습니다.
따라서, 어떤 단어의 발음을 제대로 알고 있으면 비슷하게 생긴
단어의 발음도 어느 정도 추측이 가능합니다.

특히 짧은 단어의 경우, 비슷하게 생긴 단어의 발음이
규칙적인 경향이 있습니다.

하지만 비슷하게 생긴 단어가 완전히 다르게 발음되는
예외도 있기 때문에 처음 보는 영어 단어의 발음은
반드시 사전을 통해서 확인하셔야 합니다!

특히 a, e, i, o, u와 같은 모음은 변칙적인 발음을 가지는 경우가
정말 많기 때문에 더욱 신경 써서 학습하실 필요가 있습니다.

MP3 다운로드 & 듣기

3글자로 이루어진 단어 읽는 법

비슷하게 생긴 단어가 자음에 따라 어떻게 발음되는지 알아봅시다.
규칙성 없이 예외적으로 발음되는 단어에 주의하세요!

🔍 한눈에 살펴보기

▶아래의 형태를 가진 단어는 표와 같은 발음을 주로 가집니다.

-at	-ad	-an	-am
[앹] [애ㅌ]	[애드] [애ㄷ]	[앤]	[앰]
-ap	**-ag**	**-ar**	**-et**
[앺] [애ㅍ]	[액] [애ㄱ]	[알(r)-] [얼(r)-]	[엩] [에ㅌ]
-ed	**-en**	**-id**	**-it**
[에드] [에ㄷ]	[엔]	[이드] [이ㄷ]	[잍] [이ㅌ]
-ip	**-in**	**-ig**	**-og**
[잎] [이ㅍ]	[인]	[익] [이ㄱ]	[오그] [어그]
-ot	**-op**	**-ob**	**-oy**
[앝] [아ㅌ]	[앞] [아ㅍ]	[압] [아ㅂ]	[오이]
-ub	**-ug**	**-un**	**-um**
[업] [어ㅂ]	[어그] [어ㄱ]	[언]	[엄]

-at

자음 다음에 at가 오면 '앹' 또는 '애ㅌ' 라고
주로 발음됩니다.

MP3 02-1

다음 단어를 듣고 따라 말해 보세요. 1번 말하고 1칸 체크 ☐☐☐☐☐

bat [밷][배ㅌ]	b + at [ㅂ + 앹]	① 박쥐 ② 방망이
cat [캩][캐ㅌ]	c + at [ㅋ + 앹]	고양이
fat [퐽][풰ㅌ]	f + at [ㅍ(f) + 앹] *f + [애] → [풰]	① 뚱뚱한 ② 지방, 비계
hat [햍][해ㅌ]	h + at [ㅎ + 앹]	모자
rat [뢭][뤠ㅌ]	r + at [ㄹ(r) + 앹] *r + [애] → [뤠]	(큰) 쥐

-ad

자음 다음에 ad가 오면 '애드' 또는 '애 ㄷ'라고
주로 발음됩니다.

MP3 02-2

다음 단어를 듣고 따라 말해 보세요.　　　　　1번 말하고 1칸 체크 ☐ ☐ ☐ ☐ ☐

---

bad
[배드][배 ㄷ]

b + ad
[ㅂ + 애드]

나쁜, 안 좋은

---

dad
[대드][대 ㄷ]

d + ad
[ㄷ + 애드]

아빠

---

fad
[풰드][풰 ㄷ]

f + ad
[ㅍ(f) + 애드]
＊ f + [애] → [풰]

(일시적) 유행

---

mad
[매드][매 ㄷ]

m + ad
[ㅁ + 애드]

① 매우 화난
② 미친

---

sad
[쌔드][쌔 ㄷ]

s + ad
[ㅆ + 애드]

슬픈

-an

자음 다음에 an이 오면 '앤' 이라고
주로 발음됩니다.

MP3 02-3

다음 단어를 듣고 따라 말해 보세요.

1번 말하고 1칸 체크 ☐ ☐ ☐ ☐ ☐

can
[캔]

c + an
[ㅋ + 앤]

① 캔, 깡통, 통조림
② ~할 수 있다

fan
[풴]

f + an
[ㅍ (f) + 앤]
* f + [애] → [풰]

① 선풍기, 부채
② 팬

man
[맨]

m + an
[ㅁ + 앤]

(성인) 남자

ran
[뤤]

r + an
[ㄹ (r) + 앤]
* r + [애] → [뤄]

달렸다
(run의 과거형)

van
[뷄]

v + an
[ㅂ (v) + 앤]
* v + [애] → [붸]

승합차

-am

자음 다음에 am이 오면 '앰' 이라고
주로 발음됩니다.

MP3 02-4

다음 단어를 듣고 따라 말해 보세요.　　　1번 말하고 1칸 체크　☐☐☐☐☐

	dam [댐]	d + am [ㄷ + 앰]	댐, 둑
	ham [햄]	h + am [ㅎ + 앰]	햄
	jam [잼]	j + am [ㅈ + 앰]	(과일) 잼
	Sam [쌤]	S + am [쓰 + 앰]	Samuel의 애칭 (남자 이름)
	yam [얨][얌]	y + am [y + 앰] * y + a → [얘] 　　　　[야]	(속살이 주황색인) 고구마과 식물

-ap

자음 다음에 ap가 오면 '앺' 또는 '애ㅍ' 라고
주로 발음됩니다.

MP3 02-5

다음 단어를 듣고 따라 말해 보세요.

1번 말하고 1칸 체크 ☐ ☐ ☐ ☐ ☐

	cap [캪][캐ㅍ]	c + ap [ㅋ + 앺]	(창)모자
	gap [갭][개ㅍ]	g + ap [ㄱ + 앺]	공백, 간격, 갈라진 틈
	map [맵][매ㅍ]	m + ap [ㅁ + 앺]	지도
	nap [냎][내ㅍ]	n + ap [ㄴ + 앺]	낮잠, 낮잠 자다
	tap [탶][태ㅍ]	t + ap [ㅌ + 앺]	톡톡 두드리다

발음 01
- ☐ bat
- ☐ cat
- ☐ fat
- ☐ hat
- ☐ rat

발음 02
- ☐ bad
- ☐ dad
- ☐ fad
- ☐ mad
- ☐ sad

발음 03
- ☐ can
- ☐ fan
- ☐ man
- ☐ ran
- ☐ van

발음 04
- ☐ dam
- ☐ ham
- ☐ jam
- ☐ Sam
- ☐ yam

발음 05
- ☐ cap
- ☐ gap
- ☐ map
- ☐ nap
- ☐ tap

-ag

자음 다음에 ag가 오면 '액' 또는 '애ㄱ'라고
주로 발음됩니다.

MP3 02-6

다음 단어를 듣고 따라 말해 보세요.

1번 말하고 1칸 체크 ☐ ☐ ☐ ☐ ☐

	bag [백][배ㄱ]	b + ag [ㅂ + 액]	가방
	gag [객][개ㄱ]	g + ag [ㄱ + 액]	(비격식) 개그, 농담
	nag [낵][내ㄱ]	n + ag [ㄴ + 액]	잔소리하다
	rag [뢕][뤠ㄱ]	r + ag [ㄹ (r) + 액] *r + [애] → [뤠]	누더기, 해진 천
	tag [택][태ㄱ]	t + ag [ㅌ + 액]	(가격, 이름) 표, 꼬리표

-ar

자음 다음에 ar이 오면 '알(r)-' 이라고
주로 발음되며, '얼(r)-' 로 발음되기도 합니다.

MP3 02-7

다음 단어를 듣고 따라 말해 보세요.

1번 말하고 1칸 체크 ☐ ☐ ☐ ☐ ☐

	bar [발(r)-]	b + ar [ㅂ + 알(r)-]	① 술집, 바 ② (막대기 모양) 바
	car [칼(r)-]	c + ar [ㅋ + 알(r)-]	자동차
	far [퐐(r)-]	f + ar [ㅍ (f) + 알(r)-] * f + [아-] → [퐈-]	① 거리가 먼 ② 멀리
	jar [잘(r)-]	j + ar [ㅈ + 알(r)-]	(꿀, 잼 보관용) 병
	war [월(r)-]	w + ar [우 + 얼(r)-]	전쟁

-et

자음 다음에 et가 오면 '엩' 또는 '에ㅌ' 라고
주로 발음됩니다.

MP3 02-8

다음 단어를 듣고 따라 말해 보세요.   1번 말하고 1칸 체크 ☐ ☐ ☐ ☐ ☐

---

get
[겥][게ㅌ]

g + et
[ㄱ + 엩]

① ~을 받다
② ~을 구하다

---

met
[멛][메ㅌ]

m + et
[ㅁ + 엩]

~을 만났다
(meet의 과거형)

---

net
[넫][네ㅌ]

n + et
[ㄴ + 엩]

그물, 망

---

pet
[펱][페ㅌ]

p + et
[ㅍ + 엩]

반려동물

---

vet
[벹][붸ㅌ]

v + et
[ㅂ (v) + 엩]
＊v + [에] → [붸]

수의사

-ed

자음 다음에 ed가 오면 '에드' 또는 '에ㄷ' 라고
주로 발음됩니다.

MP3 02-9

다음 단어를 듣고 따라 말해 보세요.

1번 말하고 1칸 체크 ☐ ☐ ☐ ☐ ☐

---

bed
[베드][베ㄷ]

b + ed
[ㅂ + 에드]

침대

---

fed
[풰드][풰ㄷ]

f + ed
[ㅍ(f) + 에드]
* f + [에] → [풰]

밥을 먹였다,
먹이를 주었다
(feed의 과거형)

---

led
[레드][레ㄷ]

l + ed
[ㄹ + 에드]

~을 안내했다,
~을 이끌었다
(lead의 과거형)

---

red
[뤠드][뤠ㄷ]

r + ed
[ㄹ(r) + 에드]
* r + [에] → [뤠]

빨강, 빨간

---

wed
[웨드][웨ㄷ]

w + ed
[우 + 에드]

결혼하다

-en

자음 다음에 en이 오면 '엔' 이라고
주로 발음됩니다.

MP3 02-10

다음 단어를 듣고 따라 말해 보세요.   1번 말하고 1칸 체크 ☐ ☐ ☐ ☐ ☐

	den [덴]	d + en [ㄷ + 엔]	① 편히 쉴 수 있는 방 ② (야생 동물) 굴
	hen [헨]	h + en [ㅎ + 엔]	암탉
	men [멘]	m + en [ㅁ + 엔]	남자들 (man의 복수형)
	pen [펜]	p + en [ㅍ + 엔]	펜, 볼펜
10	**ten** [텐]	t + en [ㅌ + 엔]	10 (숫자)

 **Review 6**

다음 단어를 읽고 □에 체크하세요.　　　　　　생각나지 않으면 앞 페이지를 복습하세요.

발음 06
- ☐ bag
- ☐ gag
- ☐ nag
- ☐ rag
- ☐ tag

발음 07
- ☐ bar
- ☐ car
- ☐ far
- ☐ jar
- ☐ war

발음 08
- ☐ get
- ☐ met
- ☐ net
- ☐ pet
- ☐ vet

발음 09
- ☐ bed
- ☐ fed
- ☐ led
- ☐ red
- ☐ wed

발음 10
- ☐ den
- ☐ hen
- ☐ men
- ☐ pen
- ☐ ten

-id

자음 다음에 id가 오면 '이드' 또는 '이ㄷ' 라고 주로 발음됩니다.

MP3 02-11

다음 단어를 듣고 따라 말해 보세요.

1번 말하고 1칸 체크 ☐ ☐ ☐ ☐ ☐

	bid [비드][비ㄷ]	**b + id** [ㅂ + 이드]	입찰

	did [디드][디ㄷ]	**d + id** [ㄷ + 이드]	~을 했다 (do의 과거형)

	hid [히드][히ㄷ]	**h + id** [ㅎ + 이드]	① 숨었다 ② ~을 숨겼다 (hide의 과거형)

	kid [키드][키ㄷ]	**k + id** [ㅋ + 이드]	아이, 어린이

	lid [리드][리ㄷ]	**l + id** [ㄹ + 이드]	뚜껑

-it

자음 다음에 it가 오면 '잍' 또는 '이ㅌ' 라고
주로 발음됩니다.

MP3 02-12

다음 단어를 듣고 따라 말해 보세요.

1번 말하고 1칸 체크 ☐ ☐ ☐ ☐ ☐

---

fit
[핃][퓌ㅌ]

f + it
[ㅍ (f) + 잍]
* f + [이] → [퓌]

① (몸이) 탄탄한
② (옷이) ~에게 맞다

---

hit
[힡][히ㅌ]

h + it
[ㅎ + 잍]

~을 치다,
~을 때리다

---

pit
[핕][피ㅌ]

p + it
[ㅍ + 잍]

구덩이

---

sit
[싵][씨ㅌ]

s + it
[ㅆ + 잍]

앉다

---

wit
[윝][위ㅌ]

w + it
[우 + 잍]

재치

-ip

자음 다음에 ip가 오면 '잎' 또는 '이ㅍ' 라고
주로 발음됩니다.

MP3 02-13

다음 단어를 듣고 따라 말해 보세요.   1번 말하고 1칸 체크 ☐ ☐ ☐ ☐ ☐

---

dip
[딮][디ㅍ]

d + ip
[ㄷ + 잎]

(액체에)
~을 살짝 담그다

---

lip
[맆][리ㅍ]

l + ip
[ㄹ + 잎]

입술
(주로 lips라고 씀)

---

rip
[맆][뤼ㅍ]

r + ip
[ㄹ(r) + 잎]
* r + [이] → [뤼]

~을 찢다

---

sip
[앂][씨ㅍ]

s + ip
[ㅆ + 잎]

~을 홀짝홀짝 마시다

---

tip
[팊][티ㅍ]

t + ip
[ㅌ + 잎]

① 조언
② 팁, 봉사료

-in

자음 다음에 in이 오면 '인' 이라고
주로 발음됩니다.

MP3 02-14

다음 단어를 듣고 따라 말해 보세요.　　　　1번 말하고 1칸 체크　☐ ☐ ☐ ☐ ☐

	bin [빈]	b + in [ㅂ + 인]	쓰레기통 (영국식 영어)
	fin [퓐]	f + in [ㅍ(f) + 인] * f + [이] → [퓌]	지느러미
	pin [핀]	p + in [ㅍ + 인]	핀
	sin [씬]	s + in [ㅆ + 인]	(종교, 도덕적) 죄
	win [윈]	w + in [우 + 인]	이기다, 승리하다

-ig

자음 다음에 ig가 오면 '익' 또는 '이ㄱ' 라고
주로 발음됩니다.

MP3 02-15

다음 단어를 듣고 따라 말해 보세요.

1번 말하고 1칸 체크 ☐ ☐ ☐ ☐ ☐

---

big
[빅][비ㄱ]

b + ig
[ㅂ + 이ㄱ]

큰

---

dig
[디그][디ㄱ]

d + ig
[ㄷ + 이ㄱ]

(땅, 구멍)
~을 파다

---

fig
[퓍][퓌그]

f + ig
[ㅍ(f) + 이ㄱ]
*f + [이] → [퓌]

무화과

---

pig
[픽][피그]

p + ig
[ㅍ + 이ㄱ]

돼지

---

wig
[위그][위ㄱ]

w + ig
[우 + 이ㄱ]

가발

Review 7

MP3 Review 7

다음 단어를 읽고 □에 체크하세요.   생각나지 않으면 앞 페이지를 복습하세요.

발음 11
- ☐ bid
- ☐ did
- ☐ hid
- ☐ kid
- ☐ lid

발음 12
- ☐ fit
- ☐ hit
- ☐ pit
- ☐ sit
- ☐ wit

발음 13
- ☐ dip
- ☐ lip
- ☐ rip
- ☐ sip
- ☐ tip

발음 14
- ☐ bin
- ☐ fin
- ☐ pin
- ☐ sin
- ☐ win

발음 15
- ☐ big
- ☐ dig
- ☐ fig
- ☐ pig
- ☐ wig

-og

자음 다음에 og가 오면 주로 '오그'와
'어그'의 중간 발음이 됩니다.

MP3 02-16

다음 단어를 듣고 따라 말해 보세요.　　　　　1번 말하고 1칸 체크 ☐☐☐☐☐

	dog [도그][더그]	d + og [ㄷ + 오그]	개, 강아지
	fog [포(f)그][풔그]	f + og [ㅍ(f) + 오그] * f + [어] → [풔]	안개
	hog [호그][허그]	h + og [ㅎ + 오그]	큰 돼지
	jog [조그][줘그]	j + og [ㅈ + 오그] * j + [어] → [줘]	조깅하다
	log [로그][러그]	l + og [ㄹ + 오그]	통나무

76

-ot

자음 다음에 ot가 오면 '앝' 또는 '아ㅌ' 라고
주로 발음됩니다.

MP3 02-17

다음 단어를 듣고 따라 말해 보세요.

1번 말하고 1칸 체크 ☐ ☐ ☐ ☐ ☐

---

dot
[닽][다ㅌ]

d + ot
[ㄷ + 앝]

점

---

got
[갿][가ㅌ]

g + ot
[ㄱ + 앝]

① ~을 받았다
② ~을 구했다
(get의 과거형)

---

hot
[핱][하ㅌ]

h + ot
[ㅎ + 앝]

더운, 뜨거운

---

not
[낱][나ㅌ]

n + ot
[ㄴ + 앝]

(부정의 의미)
아니다

---

pot
[팥][파ㅌ]

p + ot
[ㅍ + 앝]

냄비, 솥

-op

자음 다음에 op가 오면 '앞' 또는 '아ㅍ' 라고
주로 발음됩니다.

MP3 02-18

다음 단어를 듣고 따라 말해 보세요.　　　　1번 말하고 1칸 체크　☐ ☐ ☐ ☐ ☐

---

cop
[캎][카ㅍ]　　　c + op
　　　　　　　[ㅋ + 앞]　　　경찰관

---

hop
[핲][하ㅍ]　　　h + op
　　　　　　　[ㅎ + 앞]　　　(한 발로) 뛰다

---

mop
[맢][마ㅍ]　　　m + op
　　　　　　　[ㅁ + 앞]　　　대걸레

---

pop
[팦][파ㅍ]　　　p + op
　　　　　　　[ㅍ + 앞]　　　① 팝 음악
　　　　　　　　　　　　　② 펑하는 소리가 나다

---

top
[탚][타ㅍ]　　　t + op
　　　　　　　[ㅌ + 앞]　　　맨 위, 꼭대기,
　　　　　　　　　　　　　최고(정상)

-ob

자음 다음에 ob가 오면 '압' 또는 '아ㅂ' 라고
주로 발음됩니다.

MP3 02-19

다음 단어를 듣고 따라 말해 보세요.

1번 말하고 1칸 체크 ☐ ☐ ☐ ☐ ☐

Bob
[밥][바ㅂ]

B + ob
[ㅂ + 압]

Robert의 애칭
(남자 이름)

---

job
[잡][좝]

j + ob
[ㅈ + 압]
* j + [아] → [좌]

직업, 일

---

mob
[맙][마ㅂ]

m + ob
[ㅁ + 압]

군중, 무리

---

rob
[롭][롸ㅂ]

r + ob
[ㄹ (r) + 압]
* r + [아] → [롸]

~에게 강도짓하다

---

sob
[쌉][싸ㅂ]

s + ob
[ㅆ + 압]

흐느껴 울다

-oy

자음 다음에 oy가 오면 '오이' 라고
주로 발음됩니다.

MP3 02-20

다음 단어를 듣고 따라 말해 보세요.

1번 말하고 1칸 체크 ☐ ☐ ☐ ☐ ☐

	boy [보이]	**b + oy** [ㅂ + 오이]	남자 아이, 소년
	joy [조이]	**j + oy** [ㅈ + 오이]	기쁨
	Roy [로(r)이]	**R + oy** [ㄹ(r) + 오이]	Roy (남자 이름)
	soy [쏘이]	**s + oy** [ㅆ + 오이]	콩, 대두
	toy [토이]	**t + oy** [ㅌ + 오이]	장난감

다음 단어를 읽고 □에 체크하세요.

생각나지 않으면 앞 페이지를 복습하세요.

발음 16

☐ dog   ☐ fog   ☐ hog

☐ jog   ☐ log

발음 17

☐ dot   ☐ got   ☐ hot

☐ not   ☐ pot

발음 18

☐ cop   ☐ hop   ☐ mop

☐ pop   ☐ top

발음 19

☐ Bob   ☐ job   ☐ mob

☐ rob   ☐ sob

발음 20

☐ boy   ☐ joy   ☐ Roy

☐ soy   ☐ toy

-ub

자음 다음에 ub가 오면 '업' 또는 '어ㅂ' 라고
주로 발음됩니다.

MP3 02-21

다음 단어를 듣고 따라 말해 보세요.   1번 말하고 1칸 체크 ☐ ☐ ☐ ☐ ☐

	cub [컵][커ㅂ]	c + ub [ㅋ + 업]	(곰, 사자) 새끼
	hub [헙][허ㅂ]	h + ub [ㅎ + 업]	중심지
	pub [펍][퍼ㅂ]	p + ub [ㅍ + 업]	술집
	rub [럽][뤄ㅂ]	r + ub [ㄹ(r) + 업] * r + [어] → [뤄]	~을 문지르다
	tub [텁][터ㅂ]	t + ub [ㅌ + 업]	욕조 (bathtub)

82

-ug

자음 다음에 ug가 오면 '어그' 또는 '어ㄱ' 라고 주로 발음됩니다.

MP3 02-22

다음 단어를 듣고 따라 말해 보세요.

1번 말하고 1칸 체크 ☐☐☐☐☐

	bug [버그][버ㄱ]	b + ug [ㅂ + 어그]	벌레
	hug [허그][허ㄱ]	h + ug [ㅎ + 어그]	포옹, 포옹하다
	mug [머그][머ㄱ]	m + ug [ㅁ + 어그]	머그컵
	pug [퍼그][퍼ㄱ]	p + ug [ㅍ + 어그]	퍼그 (개의 한 품종)
	rug [뤄그][뤄ㄱ]	r + ug [ㄹ(r) + 어그] * r+[어] → [뤄]	카펫, 양탄자

-un

자음 다음에 un이 오면 '언' 이라고
주로 발음됩니다.

MP3 02-23

다음 단어를 듣고 따라 말해 보세요.　　　　　1번 말하고 1칸 체크 ☐ ☐ ☐ ☐ ☐

	fun [풘]	**f + un** [ㅍ(f) + 언] * f + [어] → [풔]	① 즐거움 ② 즐거운, 재미있는
	gun [건]	**g + un** [ㄱ + 언]	총
	nun [넌]	**n + un** [ㄴ + 언]	수녀
	run [뤈]	**r + un** [ㄹ(r) + 언] * r + [어] → [뤄]	달리다
	sun [썬]	**s + un** [ㅆ + 언]	해, 태양

-um

자음 다음에 um이 오면 '엄' 이라고
주로 발음됩니다.

MP3 02-24

다음 단어를 듣고 따라 말해 보세요. 1번 말하고 1칸 체크 ☐☐☐☐☐

	gum [검]	g + um [ㄱ + 엄]	껌
	hum [험]	h + um [ㅎ + 엄]	노래를 흥얼거리다
	mum [멈]	m + um [ㅁ + 엄]	엄마 (영국식 영어) (미국식 : mom)
	rum [뤔]	r + um [ㄹ(r) + 엄] * r + [어] → [뤄]	럼주, 럼 (술의 한 종류)
	sum [썸]	s + um [ㅆ + 엄]	총합, 총계

 # Review 9

다음 단어를 읽고 □에 체크하세요. 생각나지 않으면 앞 페이지를 복습하세요.

발음 21
- ☐ cub
- ☐ hub
- ☐ pub
- ☐ rub
- ☐ tub

발음 22
- ☐ bug
- ☐ hug
- ☐ mug
- ☐ pug
- ☐ rug

발음 23
- ☐ fun
- ☐ gun
- ☐ nun
- ☐ run
- ☐ sun

발음 24
- ☐ gum
- ☐ hum
- ☐ mum
- ☐ rum
- ☐ sum

e로 끝나는 4글자 단어 읽는 법

e로 끝나는 단어 중
(자음) + 모음(a, i, o) + 자음 + e 형태를 가지는 단어의 경우,
첫 번째 모음(a, i, o)은 알파벳 원래의 발음을 하고
마지막에 있는 e는 발음하지 않는 경우가 많습니다.
이 법칙이 항상 성립하지는 않으며, 예외가 있을 수 있습니다.

🔍 한눈에 살펴보기

-ake	-ame
[에이+ㅋ+묵음]	[에이+ㅁ+묵음]
-ine	**-ice**
[아이+ㄴ+묵음]	[아이+ㅆ+묵음]
-one	**-ose**
[오(우)+ㄴ+묵음]	[오(우)+ㅈ(z)+묵음]
-ake, -ike, -oke	**-ame, -ime, -ome**
[에이+ㅋ+묵음], [아이+ㅋ+묵음], [오(우)+ㅋ+묵음]	[에이+ㅁ+묵음], [아이+ㅁ+묵음], [오(우)+ㅁ+묵음]
-ave, -ive, -ove	**-ade, -ide, -ode**
[에이+ㅂ(v)+묵음], [아이+ㅂ(v)+묵음], [오(우)+ㅂ(v)+묵음]	[에이+ㄷ+묵음], [아이+ㄷ+묵음], [오(우)+ㄷ+묵음]
-a-e, -i-e, -o-e	
[에이, 아이, 오(우)+자음+묵음]	

-ake

a+자음(k)+e로 끝나는 단어에서
모음 a는 원래 알파벳 발음대로 [에이]로 발음하고,
e는 묵음이 될 때가 많습니다.

MP3 03-1

다음 단어를 듣고 따라 말해 보세요.
1번 말하고 1칸 체크 ☐ ☐ ☐ ☐ ☐

bake
[베이ㅋ]
[베이크]

b + a + k + (e)
[ㅂ +에이+ ㅋ +묵음]

(빵, 음식 등)
〜을 굽다

cake
[케이ㅋ]
[케이크]

c + a + k + (e)
[ㅋ +에이+ ㅋ +묵음]

케이크

lake
[레이ㅋ]
[레이크]

l + a + k + (e)
[ㄹ +에이+ ㅋ +묵음]

호수

make
[메이ㅋ]
[메이크]

m + a + k + (e)
[ㅁ +에이+ ㅋ +묵음]

〜을 만들다

wake
[웨이ㅋ]
[웨이크]

w + a + k + (e)
[우+에이+ ㅋ +묵음]

① (잠) 깨다
② 〜을 깨우다

※ 단어안의 묵음은 괄호( )로 표기합니다.

-ame

a+자음(m)+e로 끝나는 단어에서
모음 a는 원래 알파벳 발음대로 [에이]로 발음하고,
e는 묵음이 될 때가 많습니다.

MP3 03-2

다음 단어를 듣고 따라 말해 보세요.

1번 말하고 1칸 체크 ☐ ☐ ☐ ☐ ☐

---

fame
[풰임]

f + a + m + (e)
[ㅍ (f)+에이+ㅁ+묵음]
* f + [에이] → [풰이]

명성

---

game
[게임]

g + a + m + (e)
[ㄱ+에이+ㅁ+묵음]

① 게임
② 경기

---

lame
[레임]

l + a + m + (e)
[ㄹ+에이+ㅁ+묵음]

(비격식)
별로 좋지 않은

---

name
[네임]

n + a + m + (e)
[ㄴ+에이+ㅁ+묵음]

이름

---

same
[쎄임]

s + a + m + (e)
[ㅆ+에이+ㅁ+묵음]

같은

※ 단어안의 묵음은 괄호( )로 표기합니다.

-ine

i+자음(n)+e로 끝나는 단어에서
모음 i는 원래 알파벳 발음대로 [아이]로 발음하고,
e는 묵음이 될 때가 많습니다.

MP3 03-3

다음 단어를 듣고 따라 말해 보세요.
1번 말하고 1칸 체크 ☐ ☐ ☐ ☐ ☐

fine
[파인]

f + i + n + (e)
[ㅍ(f)+아이+ㄴ+묵음]
* f + [아이] → [퐈이]

① 좋은
② 괜찮은

line
[라인]

l + i + n + (e)
[ㄹ+아이+ㄴ+묵음]

선, 줄

mine
[마인]

m + i + n + (e)
[ㅁ+아이+ㄴ+묵음]

나의 것, 내 것

nine
[나인]

n + i + n + (e)
[ㄴ+아이+ㄴ+묵음]

9 (숫자)

wine
[와인]

w + i + n + (e)
[우+아이+ㄴ+묵음]
* w + [아이] → [와이]

와인, 포도주

※ 단어안의 묵음은 괄호( )로 표기합니다.

-ice

i+자음(c)+e로 끝나는 단어에서
모음 i는 원래 알파벳 발음대로 [아이]로 발음하고,
e는 묵음이 될 때가 많습니다.

MP3 03-4

다음 단어를 듣고 따라 말해 보세요.　　　　　1번 말하고 1칸 체크 ☐ ☐ ☐ ☐ ☐

---

lice
[라이쓰]

l + i + c + (e)
[ㄹ+아이+ㅆ+묵음]

이 (벌레)
(louse의 복수형)

---

mice
[마이쓰]

m + i + c + (e)
[ㅁ+아이+ㅆ+묵음]

쥐
(mouse의 복수형)

---

nice
[나이쓰]

n + i + c + (e)
[ㄴ+아이+ㅆ+묵음]

좋은, 멋진

---

rice
[라이쓰]

r + i + c + (e)
[ㄹ (r)+아이+ㅆ+묵음]
* r + [아이] → [롸이]

쌀, 밥

---

vice
[봐이쓰]

v + i + c + (e)
[ㅂ (v)+아이+ㅆ+묵음]
* v + [아이] → [봐이]

대리의
* vice-president
부통령

※ 단어안의 묵음은 괄호(　)로 표기합니다.

91

-one

o+자음(n)+e로 끝나는 단어에서
모음 o는 원래 알파벳 발음대로 [오(우)]로 발음하고,
e는 묵음이 될 때가 많지만 예외는 있습니다.

MP3 03-5

다음 단어를 듣고 따라 말해 보세요.

1번 말하고 1칸 체크 ☐☐☐☐☐

---

bone
[본-]
[보운]

b + o + n + (e)
[ㅂ+오(우)+ㄴ+묵음]

뼈

---

cone
[콘-]
[코운]

c + o + n + (e)
[ㅋ+오(우)+ㄴ+묵음]

원뿔

---

tone
[톤-]
[토운]

t + o + n + (e)
[ㅌ+오(우)+ㄴ+묵음]

말투, 어조

---

zone
[존(z)-]
[조(z)운]

z + o + n + (e)
[ㅈ(z)+오(우)+ㄴ+묵음]
＊z + [오(우)] → [조(우)]

구역

파스타 완성ㅡ!

done
[던]

d + o + n + (e)
[ㄷ+어+ㄴ+묵음]

다 된, 끝난

※ 예외적으로 발음되는 단어는 초록색으로 표기합니다

-ose

o+자음(s)+e로 끝나는 단어에서
모음 o는 원래 알파벳 발음대로 [오(우)]로 발음하고,
e는 묵음이 될 때가 많지만 예외는 있습니다.

MP3 03-6

다음 단어를 듣고 따라 말해 보세요.   1번 말하고 1칸 체크 ☐ ☐ ☐ ☐ ☐

	hose [호(우)즈(z)]	h + o + s + (e) [ㅎ+오(우)+ㅈ(z)+묵음]	호스
	nose [노(우)즈(z)]	n + o + s + (e) [ㄴ+오(우)+ㅈ(z)+묵음]	코
	pose [포(우)즈(z)]	p + o + s + (e) [ㅍ+오(우)+ㅈ(z)+묵음]	포즈
	rose [로(r)(우)즈(z)]	r + o + s + (e) [ㄹ(r)+오(우)+ㅈ(z)+묵음]	장미
폰에 발이 달렸나...	**lose** [루-즈(z)]	l + o + s + (e) [ㄹ+우-+ㅈ(z)+묵음]	① 지다, 패배하다 ② ~을 잃어버리다

※ 예외적으로 발음되는 단어는 초록색으로 표기합니다

-ake, -ike, -oke

a, i, o+자음(k)+e로 끝나는 단어에서 모음 a, i, o는 원래 알파벳 발음대로 발음하고, e는 묵음이 될 때가 많습니다.

MP3 03-7

다음 단어를 듣고 따라 말해 보세요.　　　1번 말하고 1칸 체크 ☐ ☐ ☐ ☐ ☐

fake [풰이크] [풰이ㅋ]	**f + a + k + (e)** [ㅍ(f)+에이+ㅋ+묵음] * f + [에이] → [풰이]	가짜의, 거짓된	
Jake [제이크] [제이ㅋ]	**J + a + k + (e)** [ㅈ+에이+ㅋ+묵음]	Jacob의 애칭 (남자이름)	
bike [바이크] [바이ㅋ]	**b + i + k + (e)** [ㅂ+아이+ㅋ+묵음]	자전거	
like [라이크] [라이ㅋ]	**l + i + k + (e)** [ㄹ+아이+ㅋ+묵음]	① ~을 좋아하다 ② ~ 같은, ~ 처럼	
Coke [코우크] [코우ㅋ]	**C + o + k + (e)** [ㅋ+오우+ㅋ+묵음]	코카콜라 (상품명)	
joke [조우크] [조우ㅋ]	**j + o + k + (e)** [ㅈ+오우+ㅋ+묵음]	농담, 농담하다	

※ 단어안의 묵음은 괄호(　)로 표기합니다.

-ame, -ime, -ome

a, i, o+자음(m)+e로 끝나는 단어에서 모음 a, i, o는 원래 알파벳 발음대로 발음하고, e는 묵음이 될 때가 많지만 예외는 있습니다.

MP3 03-8

다음 단어를 듣고 따라 말해 보세요.

1번 말하고 1칸 체크 ▢▢▢▢▢

배달왔어요	**came** [케임]	c + a + m + (e) [ㅋ+에이+ㅁ+묵음]	왔다 (come의 과거형)
	tame [테임]	t + a + m + (e) [ㅌ+에이+ㅁ+묵음]	① 길들여진 ② ~을 길들이다
	time [타임]	t + i + m + (e) [ㅌ+아이+ㅁ+묵음]	시간
	lime [라임]	l + i + m + (e) [ㄹ+아이+ㅁ+묵음]	라임 (과일)
	home [호움]	h + o + m + (e) [ㅎ+오우+ㅁ+묵음]	집
조금만 기다려요	**come** [컴]	c + o + m + (e) [ㅋ+어+ㅁ+묵음]	오다

※ 예외적으로 발음되는 단어는 초록색으로 표기합니다

95

-ave, -ive, -ove ①

a, i, o+자음(v)+e로 끝나는 단어에서 모음 a, i, o는 원래 알파벳 발음대로 발음하고, e는 묵음이 될 때가 많지만 예외는 있습니다.

MP3 03-9

다음 단어를 듣고 따라 말해 보세요.

1번 말하고 1칸 체크 ☐ ☐ ☐ ☐ ☐

	cave [케이브(v)]	c + a + v + (e) [ㅋ+에이+ㅂ(v)+묵음]	동굴
	wave [웨이브(v)]	w + a + v + (e) [우+에이+ㅂ(v)+묵음] [웨이+ㅂ(v)+묵음]	파도
	five [파이브(v)]	f + i + v + (e) [ㅍ(f)+아이+ㅂ(v)+묵음] ＊ f + [아이] → [파이]	5 (숫자)
	dive [다이브(v)]	d + i + v + (e) [ㄷ+아이+ㅂ(v)+묵음]	다이빙하다
	dove [도우브(v)]	d + o + v + (e) [ㄷ+오우+ㅂ(v)+묵음]	다이빙했다 (dive의 과거형)
	cove [코우브(v)]	c + o + v + (e) [ㅋ+오우+ㅂ(v)+묵음]	작은 만

※ 단어안의 묵음은 괄호( )로 표기합니다.

-ave, -ive, -ove ②

a, i, o+자음(v)+e로 끝나는 단어에서 모음 a, i, o는 원래 알파벳 발음대로 발음하고, e는 묵음이 될 때가 많지만 예외는 있습니다.

MP3 03-10

다음 단어를 듣고 따라 말해 보세요.

1번 말하고 1칸 체크 ☐☐☐☐☐

	save [쎄이브(v)]	s + a + v + (e) [ㅆ+에이+ㅂ(v)+묵음]	① ~을 구하다 ② ~을 저축하다
	have [해브(v)]	h + a + v + (e) [ㅎ+애+ㅂ(v)+묵음]	~을 가지고 있다
	give [기브(v)]	g + i + v + (e) [ㄱ+이+ㅂ(v)+묵음]	~을 주다
	live [리브(v)]	l + i + v + (e) [ㄹ+이+ㅂ(v)+묵음]	살다
	love [러브(v)]	l + o + v + (e) [ㄹ+어+ㅂ(v)+묵음]	① 사랑 ② ~을 사랑하다
	move [무-브(v)]	m + o + v + (e) [ㅁ+우-+ㅂ(v)+묵음]	① 움직이다 ② ~을 옮기다

※ 예외적으로 발음되는 단어는 초록색으로 표기합니다

발음 11

-ade, -ide, -ode

a, i, o+자음(d)+e로 끝나는 단어에서 모음 a, i, o는 원래 알파벳 발음대로 발음하고, e는 묵음이 될 때가 많습니다.

MP3 03-11

다음 단어를 듣고 따라 말해 보세요.　1번 말하고 1칸 체크　☐ ☐ ☐ ☐ ☐

머-엉	**fade** [풰이드] [풰이ㄷ]	f + a + d + (e) [ㅍ(f)+에이+ㄷ+묵음] * f + [에이] → [풰이]	서서히 사라지다, 희미해지다
	made [메이드] [메이ㄷ]	m + a + d + (e) [ㅁ+에이+ㄷ+묵음]	~을 만들었다 (make의 과거형)
	hide [하이드] [하이ㄷ]	h + i + d + (e) [ㅎ+아이+ㄷ+묵음]	~을 숨기다
	ride [롸이드] [롸이ㄷ]	r + i + d + (e) [ㄹ(r)+아이+ㄷ+묵음] * r + [아이] → [롸이]	(자전거, 오토바이, 말) ~을 타다
	rode [로(r)우드] [로(r)-드]	r + o + d + (e) [ㄹ(r)+오(우)+ㄷ+묵음]	~을 탔다 (ride의 과거형)
Pw✕✕✕✕✕✕	**code** [코우드] [코-드]	c + o + d + (e) [ㅋ+오(우)+ㄷ+묵음]	① 규정 ② 암호

※ 단어안의 묵음은 괄호( )로 표기합니다.

98

-a-e, -i-e, -o-e

a, i, o+자음+e로 끝나는 단어에서
모음 a, i, o는 원래 알파벳 발음대로
발음하고, e는 묵음이 될 때가 많습니다.

MP3 03-12

다음 단어를 듣고 따라 말해 보세요.　　　　1번 말하고 1칸 체크 ☐ ☐ ☐ ☐ ☐

	face [풰이쓰]	**f + a + c + (e)** [ㅍ(f)+에이+ㅆ+묵음] ＊ f + [에이] → [풰이]	① 얼굴 ② ~에 직면하다
	late [레이트] [레이ㅌ] [레잍-]	**l + a + t + (e)** [ㄹ+에이+ㅌ+묵음]	① 늦은 ② 늦게
	size [싸이즈(z)] [싸이ㅈ(z)]	**s + i + z + (e)** [ㅆ+아이+ㅈ(z)+묵음]	사이즈, 크기
	wife [와이프(f)]	**w + i + f + (e)** [우+아이+ㅍ(f)+묵음] ＊ w + [아이] → [와이]	아내, 와이프
	hope [호우ㅍ] [홒-] 모든일이 잘풀리기를	**h + o + p + (e)** [ㅎ+오(우)+ㅍ+묵음]	① 희망 ② 희망하다
	vote [보(v)우트] [보(v)우ㅌ]	**v + o + t + (e)** [ㅂ(v)+오(우)+ㅌ+묵음]	① 투표 ② 투표하다

※ 단어안의 묵음은 괄호(　)로 표기합니다.

✏️ Review 10

다음 단어를 읽고 ☐에 체크하세요.　　　　　생각나지 않으면 앞 페이지를 복습하세요.

발음 01
- ☐ bake
- ☐ cake
- ☐ lake
- ☐ make
- ☐ wake

발음 02
- ☐ fame
- ☐ game
- ☐ lame
- ☐ name
- ☐ same

발음 03
- ☐ fine
- ☐ line
- ☐ mine
- ☐ nine
- ☐ wine

발음 04
- ☐ lice
- ☐ mice
- ☐ nice
- ☐ rice
- ☐ vice

발음 05
- ☐ bone
- ☐ cone
- ☐ tone
- ☐ zone
- ☐ done

다음 단어를 읽고 □에 체크하세요. 　　　　　　생각나지 않으면 앞 페이지를 복습하세요.

발음 06

□ hose　　□ nose　　□ pose

□ rose　　□ lose

발음 07

□ fake　　□ Jake　　□ bike

□ like　　□ Coke　　□ joke

발음 08

□ came　　□ tame　　□ time

□ lime　　□ home　　□ come

발음 09

□ cave　　□ wave　　□ five

□ dive　　□ dove　　□ cove

발음 10

□ save　　□ have　　□ give

□ live　　□ love　　□ move

발음 11

- □ fade
- □ made
- □ hide
- □ ride
- □ rode
- □ code

발음 12

- □ face
- □ late
- □ size
- □ wife
- □ hope
- □ vote

UNIT 03 4~5글자 단어 읽는 법

비슷하게 생긴 단어는 비슷한 발음을 가지는 경우가 많습니다.
따라서, 어떤 단어의 발음을 제대로 알고 있으면 비슷하게 생긴 단어의 발음도
어느 정도 추측할 수 있습니다.

특히 짧은 단어의 경우, 비슷하게 생긴 단어의 발음이 규칙적인 경향이 있습니다.

하지만 비슷하게 생긴 단어가 완전히 다르게 발음되는 예외도 있기 때문에
처음 보는 영어 단어의 발음은 반드시 사전을 통해서 확인하셔야 합니다!

🔍 한눈에 살펴보기

▶아래의 형태를 가진 단어는 표와 같은 발음을 주로 가집니다. (예외 존재)

-and	-ark	-ast	-all
[앤드]	[알(r)-크] [알(r)-ㅋ]	[애스트] [아스트]	[올-] [얼-]
-end	-elt	-est	-ell
[엔드]	[엘트]	[에스트]	[엘]
-ind	-ink	-ist	-ill
[아인드] [인드]	[잉크]	[이스트]	[일]
-old	-ork	-ost	-oss
[올-드] [오울드]	[올(r)-크] [얼(r)-크]	[오(우)스트] [어-스트][오-스트]	[오-쓰] [어-쓰]
-ump	-ush	-ust	-ull
[엄프] [엄ㅍ]	[으쉬(sh)] [우쉬(sh)] [어쉬(sh)]	[어스트]	[울] [을]

–and

and로 끝나는 단어에서 and는
'앤드' 라고 주로 발음됩니다.

MP3 04-1

다음 단어를 듣고 따라 말해 보세요.　　　1번 말하고 1칸 체크 ☐☐☐☐☐☐

	hand [핸드]	h + and [ㅎ +앤드]	손
	sand [쌘드]	s + and [ㅆ +앤드]	모래
	stand [스탠드]	s + t + and [ㅅ + ㅌ +앤드]	① 서다 ② ~을 참다

–ark

ark로 끝나는 단어에서 ark는 '알(r)-크'
또는 '알(r)-ㅋ' 라고 주로 발음됩니다.

MP3 04-2

다음 단어를 듣고 따라 말해 보세요.　　　1번 말하고 1칸 체크 ☐☐☐☐☐☐

	dark [달(r)-크][달(r)-ㅋ]	d + ark [ㄷ +알(r)-크]	어두운
	park [팔(r)-크][팔(r)-ㅋ]	p + ark [ㅍ +알(r)-크]	① 공원 ② 주차하다
	shark [샬(r)-크][샬(r)-ㅋ]	sh + ark [ㅅ (sh)+알(r)-크] ＊ sh + [아] → [샤]	상어

-ast

ast로 끝나는 단어에서 ast는 '애스트' 또는 '아스트' 라고 주로 발음됩니다.

 MP3 04-3

다음 단어를 듣고 따라 말해 보세요.　　1번 말하고 1칸 체크 ☐☐☐☐☐

	past [패스트]	**p + ast** [ㅍ + 애스트]	과거
	vast [붸스트]	**v + ast** [ㅂ(v) + 애스트] * v + [애] → [붸]	광대한, 거대한
	last [래스트][라스트]	**l + ast** [ㄹ + 애스트] [ㄹ + 아스트]	① 마지막의 ② 지속되다

-all

all로 끝나는 단어에서 all는 '올-'과 '얼-'의 중간 발음을 합니다.

 MP3 04-4

다음 단어를 듣고 따라 말해 보세요.　　1번 말하고 1칸 체크 ☐☐☐☐☐

	call [콜-][컬-]	**c + all** [ㅋ + 올-]	~에게 전화를 걸다
	fall [폴(f)-][풜-]	**f + all** [ㅍ(f) + 올-] * f + [어-] → [풔-]	① 가을 ② 폭포 ③ 떨어지다
	mall [몰-][멀-]	**m + all** [ㅁ + 올-]	쇼핑몰

–end

end로 끝나는 단어에서 end는
'엔드' 라고 주로 발음됩니다.

MP3 04-5

다음 단어를 듣고 따라 말해 보세요.　　　1번 말하고 1칸 체크 ☐☐☐☐☐

	bend [벤드]	**b + end** [ㅂ + 엔드]	구부리다
	lend [렌드]	**l + end** [ㄹ + 엔드]	~을 빌려주다
	send [쎈드]	**s + end** [ㅆ + 엔드]	~을 보내다

–elt

elt로 끝나는 단어에서 elt는
'엘트' 라고 주로 발음됩니다.

MP3 04-6

다음 단어를 듣고 따라 말해 보세요.　　　1번 말하고 1칸 체크 ☐☐☐☐☐

	belt [벨트]	**b + elt** [ㅂ + 엘트]	벨트
	felt [펠트]	**f + elt** [ㅍ(f) + 엘트] * f + [에] → [풰]	느꼈다 (feel의 과거형)
	melt [멜트]	**m + elt** [ㅁ + 엘트]	(고체가) 녹다

–est

est로 끝나는 단어에서 est는
'에스트' 라고 주로 발음됩니다.

 MP3 04-7

다음 단어를 듣고 따라 말해 보세요.　　1번 말하고 1칸 체크 ☐☐☐☐☐

	best [베스트]	b + est [ㅂ + 에스트]	최고의, 가장 좋은
	test [테스트]	t + est [ㅌ + 에스트]	테스트, 시험
	west [웨스트]	w + est [우 + 에스트]	서쪽, 서쪽의

–ell

ell로 끝나는 단어에서 ell는
'엘' 이라고 주로 발음됩니다.

MP3 04-8

다음 단어를 듣고 따라 말해 보세요.　　1번 말하고 1칸 체크 ☐☐☐☐☐

	bell [벨]	b + ell [ㅂ + 엘]	종
	sell [쎌]	s + ell [ㅆ + 엘]	~을 팔다
	tell [텔]	t + ell [ㅌ + 엘]	~에게 말해주다, ~을 말하다

–ind

ind로 끝나는 단어에서 ind는 '아인드'
또는 '인드' 라고 주로 발음됩니다.

MP3 04-9

다음 단어를 듣고 따라 말해 보세요.　　1번 말하고 1칸 체크 ☐☐☐☐☐

	find [파인드]	**f + ind** [ㅍ(f) + 아인드] ＊f + [아이] → [파이]	～을 찾다, ～을 발견하다
	kind [카인드]	**k + ind** [ㅋ + 아인드]	① 친절한 ② 종류
	wind [윈드]	**w + ind** [우 + 인드]	바람

–ink

ink로 끝나는 단어에서 ink는
'잉크' 라고 주로 발음됩니다.

MP3 04-10

다음 단어를 듣고 따라 말해 보세요.　　1번 말하고 1칸 체크 ☐☐☐☐☐

	link [링크]	**l + ink** [ㄹ + 잉크]	연결, 링크
	sink [씽크]	**s + ink** [ㅆ + 잉크]	가라앉다
윙–크	**wink** [윙크]	**w + ink** [우 + 잉크]	윙크, 윙크하다

108

-ist

ist로 끝나는 단어에서 ist는
'이스트' 라고 주로 발음됩니다.

MP3 04-11

다음 단어를 듣고 따라 말해 보세요.   1번 말하고 1칸 체크 ☐☐☐☐☐

	fist [퓌스트]	**f + ist** [ㅍ(f) + 이스트] * f + [이] → [퓌]	주먹
	list [리스트]	**l + ist** [ㄹ + 이스트]	목록, 명단, 리스트
	mist [미스트]	**m + ist** [ㅁ + 이스트]	엷은 안개

-ill

ill로 끝나는 단어에서 ill는
'일' 이라고 주로 발음됩니다.

MP3 04-12

다음 단어를 듣고 따라 말해 보세요.   1번 말하고 1칸 체크 ☐☐☐☐☐

	bill [빌]	**b + ill** [ㅂ + 일]	(전기, 가스 등) 고지서, 청구서
	hill [힐]	**h + ill** [ㅎ + 일]	언덕
후후후후후후	**kill** [킬]	**k + ill** [ㅋ + 일]	～을 죽이다

-old

old로 끝나는 단어에서 old는 '올-드' 또는 '오울드' 라고 주로 발음됩니다.

MP3 04-13

다음 단어를 듣고 따라 말해 보세요. 1번 말하고 1칸 체크 ☐☐☐☐☐

	cold [콜-드][코울드]	**c + old** [ㅋ + 올-드]	① 추운 ② 차가운 ③ 감기
	gold [골-드][고울드]	**g + old** [ㄱ + 올-드]	금, 금으로 만든
	sold [쏠-드][쏘울드]	**s + old** [ㅆ + 올-드]	~을 팔았다 (sell의 과거형)

-ork

ork로 끝나는 단어에서 ork는 '올(r)-크'와 '얼(r)-크'의 중간 발음을 주로 합니다.

MP3 04-14

다음 단어를 듣고 따라 말해 보세요. 1번 말하고 1칸 체크 ☐☐☐☐☐

	fork [폴(f/r)-크]	**f + ork** [ㅍ(f) + 올(r)-크]	포크
	pork [폴(r)-크]	**p + ork** [ㅍ + 올(r)-크]	돼지고기
	work [월(r)-크]	**w + ork** [우 + 얼(r)-크]	① 일하다 ② 일 ③ 직장

-ost

ost로 끝나는 단어에서 ost는 '오(우)스트' 또는 '어-스트'와 '오-스트'의 중간 발음을 주로 합니다.

MP3 04-15

다음 단어를 듣고 따라 말해 보세요.　　1번 말하고 1칸 체크 ☐☐☐☐☐

	most [모(우)스트]	**m + ost** [ㅁ + 오(우)스트]	① 대부분의 ② 가장 (많은)
	cost [커-스트][코-스트]	**c + ost** [ㅋ + 어-스트]	① 비용 ② ~의 비용이 들다
	frost [프(f)뤄-스트]	**f + r + ost** [ㅍ(f) + ㄹ(r) + 어-스트] * r + [어-] → [뤄-]	서리

-oss

oss로 끝나는 단어에서 oss는 '오-쓰'와 '어-쓰'의 중간 발음을 주로 합니다.

MP3 04-16

다음 단어를 듣고 따라 말해 보세요.　　1번 말하고 1칸 체크 ☐☐☐☐☐

	boss [보-쓰]	**b + oss** [ㅂ + 오-쓰]	상사, 사장
	moss [모-쓰][머-쓰]	**m + oss** [ㅁ + 오-쓰]	이끼
	cross [크로(r)-쓰][크뤄-쓰]	**c + r + oss** [ㅋ + ㄹ(r) + 오-쓰] * r + [어-] → [뤄-]	① 십자가 ② ~을 가로지르다

-ump

ump로 끝나는 단어에서 ump는 '엄프' 또는 '엄ㅍ' 라고 주로 발음됩니다.

MP3 04-17

다음 단어를 듣고 따라 말해 보세요.   1번 말하고 1칸 체크 ☐☐☐☐☐

	dump [덤프][덤ㅍ]	**d + ump** [ㄷ + 엄프]	① ~을 버리다 ② (애인을) 차다
	lump [럼프][럼ㅍ]	**l + ump** [ㄹ + 엄프]	(신체에 난) 혹
낮아지는 취업률	**slump** [슬럼프][슬럼ㅍ]	**s + l + ump** [ㅅ + ㄹㄹ + 엄프]	(경제적) 불황

-ush

ush로 끝나는 단어에서 ush는 '으쉬(sh)', '우쉬(sh)' 또는 '어쉬(sh)' 라고 주로 발음됩니다.

MP3 04-18

다음 단어를 듣고 따라 말해 보세요.   1번 말하고 1칸 체크 ☐☐☐☐☐

	push [프쉬(sh)][푸쉬(sh)]	**p + ush** [ㅍ + 으쉬]	~을 밀다, ~을 누르다
	rush [뤄쉬(sh)][뤄ㅅ(sh)]	**r + ush** [ㄹ(r) + 어쉬] * r + [어] → [뤄]	① 돌진하다 ② 서두르다
	brush [브뤄쉬(sh)][브뤄ㅅ(sh)]	**b + r + ush** [ㅂ + ㄹ(r) + 어쉬] * r + [어] → [뤄]	① 솔, 붓 ② ~을 솔질하다

-ust

ust로 끝나는 단어에서 ust는
'어스트' 라고 주로 발음됩니다.

MP3 04-19

다음 단어를 듣고 따라 말해 보세요.　　　　　1번 말하고 1칸 체크 ☐ ☐ ☐ ☐ ☐

	dust [더스트]	d + ust [ㄷ + 어스트]	먼지
	just [저스트]	j + ust [ㅈ + 어스트]	① 방금, 막 ② 단지
	must [머스트]	m + ust [ㅁ + 어스트]	① ~해야 한다 ② ~임에 틀림없다

-ull

ull로 끝나는 단어에서 ull는 '울'
또는 '을' 이라고 주로 발음됩니다.

MP3 04-20

다음 단어를 듣고 따라 말해 보세요.　　　　　1번 말하고 1칸 체크 ☐ ☐ ☐ ☐ ☐

	bull [불][블]	b + ull [ㅂ + 울]	황소
	full [풀(f)][플(f)]	f + ull [ㅍ(f) + 울]	① 가득 찬 ② 배부른
	pull [풀][플]	p + ull [ㅍ + 울]	~을 잡아당기다

Review 11

다음 단어를 읽고 □에 체크하세요.　　　　　　생각나지 않으면 앞 페이지를 복습하세요.

발음 01
- □ hand
- □ sand
- □ stand

발음 02
- □ dark
- □ park
- □ shark

발음 03
- □ past
- □ vast
- □ last

발음 04
- □ call
- □ fall
- □ mall

발음 05
- □ bend
- □ lend
- □ send

발음 06
- □ belt
- □ felt
- □ melt

발음 07
- □ best
- □ test
- □ west

발음 08
- □ bell
- □ sell
- □ tell

다음 단어를 읽고 □에 체크하세요.　　　　　　　　生각나지 않으면 앞 페이지를 복습하세요.

발음 09　□ find　　□ kind　　□ wind

발음 10　□ link　　□ sink　　□ wink

발음 11　□ fist　　□ list　　□ mist

발음 12　□ bill　　□ hill　　□ kill

발음 13　□ cold　　□ gold　　□ sold

발음 14　□ fork　　□ pork　　□ work

발음 15　□ most　　□ cost　　□ frost

발음 16　□ boss　　□ moss　　□ cross

발음 17　□ dump　　□ lump　　□ slump

발음 18　□ push　　□ rush　　□ brush

발음 19　□ dust　　□ just　　□ must

발음 20　□ bull　　□ full　　□ pull

이중 모음 발음하는 법

영어의 단어가 길어지고, 모음의 수가 많아질수록 불규칙적으로 발음되는 경향이 있습니다.
또한 모음 2개가 합쳐진 이중 모음의 경우, 다양하게 발음될 수 있습니다.

🔍 한눈에 살펴보기

▶아래의 형태를 가진 단어는 표와 같은 발음을 주로 가집니다. (예외 존재)

ai	ea	ear	eal
[에이] [에]	[이-] [E-] [에] [어]	[E얼(r)] [이얼(r)] [에얼(r)]	[이을] [일-] [이-을] [이-얼]
ee	**oa**	**oe**	**oi**
[이-]	[오우]	[오우] [우-] [오우이]	[오이]
ou	**ie**	**io**	**ue**
[우-] [아우] [어]	[아이] [아이어]	[아이어] [이어] [이으] [이오(우)]	[우-] [유-]

ai

ai가 들어가는 단어에서 ai는 주로 '에이'로 발음되며, '에' 라고 발음되기도 합니다.

MP3 05-1

다음 단어를 듣고 따라 말해 보세요.   1번 말하고 1칸 체크 ☐ ☐ ☐ ☐ ☐

	rain [뤠인]	r + ai + n [ㄹ(r) + 에이 +ㄴ] * r + [에이] → [뤠이]	비, 비가 오다
	brain [브뤠인]	b + r + ai + n [ㅂ + ㄹ(r) + 에이 +ㄴ] * r + [에이] → [뤠이]	뇌, 지능
	nail [네일][네이을]	n + ai + l [ㄴ + 에이 + ㄹ]	손톱
	wait [웨잍][웨이ㅌ]	w + ai + t [우 + 에이 + ㅌ]	기다리다
	said [쎄드]	s + ai + d [ㅆ + 에 + ㄷ]	말했다 (say의 과거형)

※ 예외적으로 발음되는 단어는 초록색으로 표기합니다

ea

ea가 들어가는 단어에서 ea는 '이–' 또는
'E–' 라고 주로 발음되며, '에', '어' 라고
발음되기도 합니다.

MP3 05-2

다음 단어를 듣고 따라 말해 보세요.

1번 말하고 1칸 체크 ☐ ☐ ☐ ☐ ☐

---

tea
[티-]

t + ea
[ㅌ + 이-]

(마시는) 차

---

eat
[잍-][E-트]

ea + t
[이- + ㅌ]
[E- + ㅌ]

~을 먹다

---

clean
[클린-]

c + l + ea + n
[ㅋ + ㄹㄹ + 이- + ㄴ]

① 깨끗한
② ~을 청소하다

---

bread
[브뤠드]

b+ r + ea + d
[ㅂ + ㄹ(r) + 에 + ㄷ]
* r + [에] → [뤠]

빵

---

ocean
[오(우)션]
[오(으)션]

o + c + ea + n
[오우 + ㅅ(sh) + 어 + ㄴ]
* ㅅ(sh) + [어] → [셔]

바다, 대양

※ 예외적으로 발음되는 단어는 초록색, 파란색으로 표기합니다.

ear

ear로 끝나는 단어에서 ear은 'E얼(r)', '이얼(r)' 또는 '에얼(r)' 라고 주로 발음됩니다.

MP3 05-3

다음 단어를 듣고 따라 말해 보세요.

1번 말하고 1칸 체크 ☐ ☐ ☐ ☐ ☐

ear [E얼(r)]	ear [E얼(r)]	귀
hear [히얼(r)]	h + ear [ㅎ + E얼(r)]	~을 듣다, ~이 들리다
appear [어피얼(r)]	a + pp + ear [어 + ㅍ + E얼(r)]	나타나다
wear [웨얼(r)]	w + ear [우 + 에얼(r)]	~을 입다, ~을 착용하다
bear [베얼(r)]	b + ear [ㅂ + 에얼(r)]	① 곰 (동물) ② (~을) 참다

※ 예외적으로 발음되는 단어는 초록색으로 표기합니다

eal

eal로 끝나는 단어에서 eal은 '이을', '일–' 또는
'이–을', '이–얼' 라고 주로 발음됩니다.

MP3 05-4

다음 단어를 듣고 따라 말해 보세요.　　　　　1번 말하고 1칸 체크 ☐ ☐ ☐ ☐ ☐

	meal [미을][밀-]	m + eal [ㅁ + 이을]	식사
	deal [디을][딜-]	d + eal [ㄷ + 이을]	거래
	heal [히을][힐-]	h + eal [ㅎ + 이을]	① 치유되다 ② ~을 치료하다
	steal [스티을][스띠을] [스틸-][스띨-]	s + t + eal [ㅅ + ㅌ + 이을] ＊ s 다음에 바로 오는 t는 [ㄸ]로 발음됩니다.	~을 훔치다
	real [뤼-얼][뤼-을]	r + eal [ㄹ (r) + 이-얼] ＊ r + [이-] → [뤼-]	진짜의

※ 예외적으로 발음되는 단어는 초록색으로 표기합니다

ee

ee로 끝나는 단어에서 ee는 '이–' 라고
주로 발음됩니다.

MP3 05-5

다음 단어를 듣고 따라 말해 보세요.　　　　1번 말하고 1칸 체크 ☐ ☐ ☐ ☐ ☐

see
[씨-]

s + ee
[ㅆ + 이-]

① ~을 보다
② 이해하다

bee
[비-]

b + ee
[ㅂ + 이-]

꿀벌

tree
[트뤼-]
[츠뤼-]

t + r + ee
[ㅌ + ㄹ(r) + 이-]
* tr에서 t는 [ㅊ]발음이 되기도 합니다.
* r + [이-] → [뤼-]

나무

beef
[비-프(f)]

b + ee + f
[ㅂ + 이- + ㅍ(f)]

소고기

sleep
[슬맆-]
[슬리-ㅍ]

s + l + ee + p
[ㅅ + ㄹㄹ + 이-+ ㅍ]

(잠) 자다

oa

oa가 들어가는 단어에서 oa는 '오우' 라고
주로 발음됩니다.

MP3 05-6

다음 단어를 듣고 따라 말해 보세요.

1번 말하고 1칸 체크 ☐ ☐ ☐ ☐ ☐

	oat [오우트][오우ㅌ]	oa + t [오우 + ㅌ]	오트밀, 귀리
	boat [보우트][보우ㅌ]	b + oa + t [ㅂ + 오우 + ㅌ]	보트, 작은 배
	soap [쏘우프][쏘우ㅍ]	s + oa + p [ㅆ + 오우 + ㅍ]	비누
	road [로(r)우드] [로(r)우ㄷ]	r + oa + d [ㄹ(r) + 오우 + ㄷ]	도로, (차가 다니는) 길
	goal [고울]	g + oa + l [ㄱ + 오우 + ㄹ]	목표, 골

oe

oe가 들어가는 단어에서 oe는 주로
'오우' 라고 발음되며, '우–' 또는 '오우이'로
발음되기도 합니다.

 MP3 05-7

다음 단어를 듣고 따라 말해 보세요.   1번 말하고 1칸 체크 ☐ ☐ ☐ ☐ ☐

---

toe
[토우]

t + oe
[ㅌ + 오우]

발가락

---

foe
[포(f)우]

f + oe
[ㅍ(f) + 오우]

적, 상대

---

aloe
[앨로우]

a + l + oe
[애 + ㄹㄹ + 오우]

알로에

---

shoes
[슈-즈(z)]

sh + oe + s
[ㅅ(sh) + 우– + ㅈ(z)]
＊ sh + [우–] → [슈-]

신발

---

poet
[포우잍]
[포우이ㅌ]

p + oe + t
[ㅍ + 오우이 + ㅌ]

시인

※ 예외적으로 발음되는 단어는 초록색, 파란색으로 표기합니다.

oi

oi가 들어가는 단어에서 oi는 '오이' 라고
주로 발음됩니다.

MP3 05-8

다음 단어를 듣고 따라 말해 보세요.   1번 말하고 1칸 체크 ☐ ☐ ☐ ☐ ☐

coin [코인]	c + oi + n [ㅋ + 오이 + ㄴ]	동전
join [조인]	j + oi + n [ㅈ + 오이 + ㄴ]	~에 합류하다
point [포인트]	p + oi + n + t [ㅍ + 오이 + ㄴ + ㅌ]	① 점수 ② 요점
voice [보(v)이쓰]	v + oi + c + (e) [ㅂ(v) + 오이 + ㅆ + 묵음]	목소리
noisy [노이지(z)]	n + oi + s + y [ㄴ + 오이 + ㅈ(z) + 이]	시끄러운

125

ou

ou가 들어가는 단어에서 ou는
'우-', '아우', '어' 라고 주로 발음됩니다.

MP3 05-9

다음 단어를 듣고 따라 말해 보세요.　　　　　1번 말하고 1칸 체크　☐ ☐ ☐ ☐ ☐

---

you
[유-]

y + ou
[y + 우-]
* y + [우-] → [유-]

너, 당신, 여러분

---

soup
[쑵-][쑤-ㅍ]

s + ou + p
[ㅆ + 우- + ㅍ]

수프

---

loud
[라우드]

l + ou + d
[ㄹ + 아우 + ㄷ]

소리가 큰

---

round
[롸운드]

r + ou + n + d
[ㄹ (r) + 아우 + ㄴ + ㄷ]
* r + [아우] → [롸우]

둥근

---

touch
[터취][터 ㅊ]

t + ou + ch
[ㅌ + 어 + ㅊ]

~을 만지다

※ 다양한 발음을 빨간색, 초록색, 파란색으로 구분하여 표기합니다.

ie

ie가 들어가는 짧은 단어에서 ie는
주로 '아이'로 발음되며, '아이어' 라고
발음되기도 합니다.

MP3 05-10

다음 단어를 듣고 따라 말해 보세요.   1번 말하고 1칸 체크 ☐ ☐ ☐ ☐ ☐

tie
[타이]

t + ie
[ㅌ + 아이]

① 넥타이
② 동점
③ ~을 묶다

pie
[파이]

p + ie
[ㅍ + 아이]

파이 (음식 이름)

lie
[라이]

l + ie
[ㄹ + 아이]

① 눕다
② 거짓말(하다)

die
[다이]

d + ie
[ㄷ + 아이]

죽다

다이어트 도전!!

diet
[다이엍]
[다이어ㅌ]

d + ie + t
[ㄷ + 아이어 + ㅌ]

다이어트, 식단

※ 예외적으로 발음되는 단어는 초록색으로 표기합니다

io

io가 들어가는 단어에서 io는 '아이어', '이어', '이으', '이오(우)' 등 다양한 발음이 될 수 있습니다.

MP3 05-11

다음 단어를 듣고 따라 말해 보세요.　　　1번 말하고 1칸 체크 ☐ ☐ ☐ ☐ ☐

---

lion
[라이언]

l + io + n
[ㄹ + 아이어 + ㄴ]

사자

---

riot
[롸이엍]

r + io + t
[ㄹ (r) + 아이어 + ㅌ]

* r + [아이어] → [롸이어]

폭동

---

idiot
[티디엍]
[티리엍]

i + d + io + t
[ㅌ + ㄷ + 이으 + ㅌ]

* 모음 사이의 d는 [ㄹ]로 발음됩니다.

바보, 멍청이

멋진 우리말

idiom
[티디엄]
[티리음]

i + d + io + t
[ㅌ + ㄷ + 이어 + ㅌ]

* 모음 사이의 d는 [ㄹ]로 발음됩니다.

숙어, 관용구

---

radio
[뤠이디오(우)]

r + a + d + io
[ㄹ (r) + 에이 + ㄷ + 이오(우)]

* r + [에이] → [뤠이]

라디오

※ 다양한 발음을 빨간색, 초록색, 파란색으로 구분하여 표기합니다.

ue

ue로 끝나는 단어에서 ue는 '우-' 또는
'유-' 라고 주로 발음됩니다.

MP3 05-12

다음 단어를 듣고 따라 말해 보세요.   1번 말하고 1칸 체크 ☐☐☐☐☐

sue
[쑤-]

s + ue
[ㅆ + 우-]

~을 고소하다,
소송을 제기하다

blue
[블루-]

b + l + ue
[ㅂ + ㄹㄹ + 우-]

파란색, 파란색의

glue
[글루-]

g + l + ue
[ㄱ + ㄹㄹ + 우-]

풀, 접착제

true
[트루(r)-]
[츠루(r)-]

t + r + ue
[ㅌ + ㄹ(r) + 우-]
* tr에서 t는 [ㅊ]발음이 되기도 합니다.

진실인, 사실인

value
[뵐류-]

v + a + l + ue
[ㅂ(v) + 애 + ㄹㄹ + 유-]
* v + [애] → [붸]

가치

※ 예외적으로 발음되는 단어는 초록색으로 표기합니다

Review 12

다음 단어를 읽고 □에 체크하세요.   생각나지 않으면 앞 페이지를 복습하세요.

발음 01

☐ rain   ☐ brain   ☐ nail

☐ wait   ☐ said

발음 02

☐ tea   ☐ eat   ☐ clean

☐ bread   ☐ ocean

발음 03

☐ ear   ☐ hear   ☐ appear

☐ wear   ☐ bear

발음 04

☐ meal   ☐ deal   ☐ heal

☐ steal   ☐ real

발음 05

☐ see   ☐ bee   ☐ tree

☐ beef   ☐ sleep

다음 단어를 읽고 □에 체크하세요.　　　　　생각나지 않으면 앞 페이지를 복습하세요.

발음 06
- □ oat
- □ boat
- □ soap
- □ road
- □ goal

발음 07
- □ toe
- □ foe
- □ aloe
- □ shoes
- □ poet

발음 08
- □ coin
- □ join
- □ point
- □ voice
- □ noisy

발음 09
- □ you
- □ soup
- □ loud
- □ round
- □ touch

발음 10
- □ tie
- □ pie
- □ lie
- □ die
- □ diet

발음 11

- ☐ lion
- ☐ riot
- ☐ idiot
- ☐ idiom
- ☐ radio

발음 12

- ☐ sue
- ☐ blue
- ☐ glue
- ☐ true
- ☐ value

묵음을 포함한 단어

🔍 한눈에 살펴보기

b묵음	mb로 끝나는 단어에서 b는 묵음이 될 수 있어요.
	b가 단어 중간에 오는 경우, 묵음이 될 수 있어요.
k묵음	kn으로 시작하는 단어에서 k는 묵음이 될 수 있어요.
h묵음	h는 다양한 자리에서 묵음이 될 수 있어요.
t묵음	tch로 끝나는 단어에서 t는 묵음이 될 수 있어요.
	ten으로 끝나는 단어에서 t는 묵음이 될 수 있어요.
	t가 단어 중간에 오는 경우, 묵음이 될 수 있어요.
w묵음	w는 다양한 자리에서 묵음이 될 수 있어요.
g묵음	ign이 들어가는 단어에서 g는 묵음이 될 수 있어요.
gh묵음	gh는 다양한 자리에서 묵음이 될 수 있어요.
l묵음	l이 단어 중간에 오는 경우, 묵음이 될 수 있어요.
d묵음	d가 단어 중간에 오는 경우, 묵음이 될 수 있어요.
기타 묵음	s, u, c, n, i, o, p는 묵음이 될 수 있어요.

b묵음 ①

mb로 끝나는 단어에서 b는
묵음이 될 수 있어요.

MP3 06-1

다음 단어를 듣고 따라 말해 보세요.

1번 말하고 1칸 체크 ☐ ☐ ☐ ☐ ☐ ☐

	lamb [램]	l + a + m + (b) [ㄹ +애+ ㅁ +묵음]	새끼 양, (새끼) 양고기
	bomb [밤]	b + o + m + (b) [ㅂ +아+ ㅁ +묵음]	폭탄
	womb [움(w)-]	wo + m + (b) [우(w)-+ ㅁ +묵음]	자궁
	comb [코움]	c + o + m + (b) [ㅋ +오우+ ㅁ +묵음]	빗, ~을 빗질하다
	climb [클라임]	cl + i + m + (b) [클ㄹ +아이+ ㅁ +묵음]	~에 (기어) 올라가다

※ 단어안의 묵음은 괄호( )로 표기합니다.

b묵음 ②

b가 단어 중간에 오는 경우,
묵음이 될 수 있어요.

MP3 06-2

다음 단어를 듣고 따라 말해 보세요.

1번 말하고 1칸 체크 ☐ ☐ ☐ ☐ ☐

debt
[뎁][데ㅌ]

d + e + (b) + t
[ㄷ +에+묵음+ㅌ]

빚, 부채

doubt
[다웉-][다우ㅌ]

d + ou + (b) + t
[ㄷ +아우+묵음+ㅌ]

의심, 의심하다

subtle
[써를][써틀]

s + u + (b) + tl + (e)
[ㅆ +어+묵음+를/틀+묵음]

섬세한, 미묘한,
알아차리기 어려운

climber
[클라이멀(r)]

cl + i + m + (b) + er
[클 ㄹ +아이+ㅁ +묵음+얼(r)]

등반가

plumber
[플러멀(r)]

pl + u + m + (b) + er
[플 ㄹ +어+ㅁ +묵음+얼(r)]

배관공

※ 단어안의 묵음은 괄호( )로 표기합니다.

k 묵음

kn으로 시작하는 단어에서 k는
묵음이 될 수 있어요.

MP3 06-3

다음 단어를 듣고 따라 말해 보세요.　　　1번 말하고 1칸 체크 ☐☐☐☐☐

| | **know**
[노(우)] | (k) + n + ow
[묵음+ㄴ+오(우)] | ~을 알다 |

| | **knew**
[뉴-] | (k) + n + ew
[묵음+ㄴ+E우]
[묵음+ㄴ+유-] | ~을 알았다
(know의 과거형) |

| | **knee**
[니-] | (k) + n + ee
[묵음+ㄴ+이-] | 무릎 |

| | **knock**
[낙-][나-ㅋ] | (k) + n + o + ck
[묵음+ㄴ+아-+ㅋ] | 노크하다 |

| | **knife**
[나이프(f)][나이ㅍ(f)] | (k) + n + i + f + (e)
[묵음+ㄴ+아이+ㅍ(f)+묵음] | 칼 |

※ 단어안의 묵음은 괄호(　)로 표기합니다.

h 묵음

h는 다양한 자리에서
묵음이 될 수 있어요.

MP3 06-4

다음 단어를 듣고 따라 말해 보세요.

1번 말하고 1칸 체크 ☐ ☐ ☐ ☐ ☐

---

hour
[아우얼(r)][아-월(r)]

(h) + our
[묵음+아우얼(r)]

1시간, 시간

---

honor
[어널(r)][아널(r)]

(h) + o + n + or
[묵음+어+ㄴ+얼(r)]

명예, 영광

당선이라니ㅡ!!

---

honest
[어니스트][어니ㅅㅌ]

(h) + o + n + e + s + t
[묵음+어+ㄴ+이+ㅅ+ㅌ]

정직한, 솔직한

---

ghost
[고(우)스트][고(우)ㅅㅌ]

g + (h) + o + s + t
[ㄱ+묵음+오(우)+ㅅ+ㅌ]

귀신, 유령

---

stomach
[스터먹][스떠먹]

s + t + o + m + a + c + (h)
[ㅅ+ㅌ+어+ㅁ+어+ㅋ+묵음]

위, 위장, 배

* s 다음에 바로 오는 t는 [ㄸ]로 발음됩니다.

※ 단어안의 묵음은 괄호( )로 표기합니다.

t 묵음 ①

tch로 끝나는 단어에서 t는
묵음이 될 수 있어요.

MP3 06-5

다음 단어를 듣고 따라 말해 보세요.　　　　1번 말하고 1칸 체크 ☐ ☐ ☐ ☐ ☐

---

catch
[캐취][캐 ㅊ]

c + a + (t) + ch
[ㅋ +애+묵음+ ㅊ]

~을 잡다

---

match
[매취][매 ㅊ]

m + a + (t) + ch
[ㅁ +애+묵음+ ㅊ]

① 성냥
② 경기
③ 어울리다

---

watch
[와-취][와- ㅊ]

wa + (t) + ch
[와-+묵음+ ㅊ]

① 손목시계
② ~을 보다

---

witch
[위취][위 ㅊ]

wi + (t) + ch
[위+묵음+ ㅊ]

마녀

---

sketch
[스케취][스케 ㅊ]

s + k + e + (t) + ch
[ㅅ +ㅋ +에+묵음+ ㅊ]

~을 스케치하다,
스케치

※ 단어안의 묵음은 괄호( )로 표기합니다.

138

t 묵음 ②

ten으로 끝나는 단어에서 t는
묵음이 될 수 있어요.

MP3 06-6

다음 단어를 듣고 따라 말해 보세요.   1번 말하고 1칸 체크 ☐ ☐ ☐ ☐ ☐

---

often
[어-픈(f)][오-픈(f)]
[엎(f)튼]

o + f + (t) + e + n
[어-/오-+ㅍ(f)+묵음+으+ㄴ]
＊t를 발음하기도 합니다.

자주

---

soften
[써-픈(f)][쏘-픈(f)]

s + o + f + (t) + e + n
[ㅆ+어-/오-+ㅍ(f)+묵음+으+ㄴ]

～을 부드럽게 하다

listen
[리쓴]

l + i + s + (t) + (e) + n
[ㄹ+이+ㅆ+묵음+묵음+ㄴ]

(귀 기울여) 듣다

fasten
[풰쓴]

f + a + s + (t) + (e) + n
[ㅍ(f)+애+ㅆ+묵음+묵음+ㄴ]
＊f + [애] → [풰]

～을 꽉 매다

hasten
[헤이쓴][헤이슨]

h + a + s + (t) + (e) + n
[ㅎ+에이+ㅆ+묵음+묵음+ㄴ]

(말, 일을)
서둘러 하다

※ 단어안의 묵음은 괄호( )로 표기합니다.

t묵음 ③

t가 단어 중간에 오는 경우,
묵음이 될 수 있어요.

MP3 06-7

다음 단어를 듣고 따라 말해 보세요.

1번 말하고 1칸 체크 ☐ ☐ ☐ ☐ ☐

castle
[캐쓸]

c + a + s + (t) + l + (e)
[ㅋ+애+ㅆ+묵음+ㄹ+묵음]

성

---

whistle
[위쓸]

wh + i + s + (t) + l + (e)
[우+이+ㅆ+묵음+ㄹ+묵음]

① 휘파람 (불다)
② 호루라기

butcher
[부철(r)]
[브철(r)]

b + u + (t) + ch + e + r
[ㅂ+우/으+묵음+ㅊ+어+ㄹ (r)]
* ㅊ(ch) + [어] → [쳐]

정육점 주인

Christmas
[크뤼쓰머ㅆ]
[크뤼쓰므ㅆ]

메리크리스마스!

Ch + r + i + s + (t) + m + a + s
[ㅋ+ㄹ (r)+이+ㅆ+묵음+ㅁ+어/으+ㅆ]
* r + [이] → [뤼]

크리스마스,
성탄절

---

mortgage
[몰(r)-기쥐]
[멀(r)-기ㅈ]

m + o + r + (t) + g + a + g + (e)
[ㅁ+오-/어-+ㄹ (r)+묵음+ㄱ+이+ㅈ+묵음]

주택 담보 대출,
모기지

※ 단어안의 묵음은 괄호( )로 표기합니다.

w묵음

w는 다양한 자리에서
묵음이 될 수 있어요.

MP3 06-8

다음 단어를 듣고 따라 말해 보세요.

1번 말하고 1칸 체크 ☐ ☐ ☐ ☐ ☐

write
[라이트]
[롸이ㅌ]

(w) + r + i + t + (e)
[묵음+ㄹ(r)+아이+ㅌ+묵음]
* r + [아이] → [롸이]

(글)을 쓰다

---

wrist
[리스트]
[뤼스ㅌ]

(w) + r + i + s + t
[묵음+ㄹ(r)+이+ㅅ+ㅌ]
* r + [이] → [뤼]

손목, 팔목

wrong
[롱(r)-]
[뤙-]

(w) + r + o + ng
[묵음+ㄹ(r)+오-/어-+ㅇ]
* r + [어-] → [뤄-]

잘못된, 틀린

answer
[앤썰(r)]

a + n + s + (w) + e + r
[애+ㄴ+ㅆ+묵음+어+ㄹ(r)]

① 답, 대답
② ~에 답하다

---

sword
[쏠(r)-드]
[쏠(r)-ㄷ]

s + (w) + o + r + d
[ㅆ+묵음+오-/어-+ㄹ(r)+ㄷ]

검, 칼

※ 단어안의 묵음은 괄호( )로 표기합니다.

g 묵음

ign이 들어가는 단어에서 g는
묵음이 될 수 있어요.

MP3 06-9

다음 단어를 듣고 따라 말해 보세요.　　　　1번 말하고 1칸 체크 ☐ ☐ ☐ ☐ ☐

sign
[싸인]

s + i + (g) + n
[ㅆ + 아이 + 묵음 + ㄴ]

① 서명, 서명하다
② 계약하다

---

resign
[뤼자(z)인]
[뤼쟈(z)인]

r + e + s + i + (g) + n
[ㄹ (r) + 이 + ㅈ (z) + 아이 + 묵음 + ㄴ]
* r + [이] → [뤼]
* ㅈ (z) + [아이] → [쟈(z)이]

사임, 사임하다

---

design
[디자(z)인]
[디쟈(z)인]

d + e + s + i + (g) + n
[ㄷ + 이 + ㅈ (z) + 아이 + 묵음 + ㄴ]
* z + [아이] → [쟈(z)이]

① 디자인
② ~을 설계하다

---

foreign
[포(f)-른]
[포(f)-륀]

f + o + r + (e) + i + (g) + n
[ㅍ (f) + 오 - + ㄹ (r) + 묵음 + 으 + 묵음 + ㄴ]

외국의

foreigner
[포(f)-르널(r)]
[포(f)-뤼널(r)]

f + o + r + (e) + i + (g) + n + e + r
[ㅍ (f) + 오 - + ㄹ (r) + 묵음 + 으 + 묵음 + ㄴ + 어 + ㄹ (r)]

외국인

※ 단어안의 묵음은 괄호(　)로 표기합니다.

gh묵음

gh는 다양한 자리에서
묵음이 될 수 있어요.

MP3 06-10

다음 단어를 듣고 따라 말해 보세요.　　　　1번 말하고 1칸 체크 ☐ ☐ ☐ ☐ ☐

	sigh [싸이]	**s + i + (gh)** [ㅆ+아이+묵음]	한숨, 한숨 쉬다
	thigh [따(th)이]	**th + i + (gh)** [ㄸ(th)+아이+묵음]	허벅지
	night [나이트][나이ㅌ] [나잍-]	**n + i + (gh) + t** [ㄴ+아이+묵음+ㅌ]	밤
	eight [에이트][에이ㅌ] [에잍-]	**e + i + (gh) + t** [에+이+묵음+ㅌ]	8 (숫자)
	right [롸이트][롸이ㅌ] [롸잍-]	**r + i + (gh) + t** [ㄹ(r)+아이+묵음+ㅌ] * r + [라이] → [롸이]	① 옳은 ② 오른쪽(의) ③ 권리

※ 단어안의 묵음은 괄호( )로 표기합니다.

l묵음

l이 단어 중간에 오는 경우,
묵음이 될 수 있어요.

MP3 06-11

다음 단어를 듣고 따라 말해 보세요. 1번 말하고 1칸 체크 ☐ ☐ ☐ ☐ ☐

---

talk
[토-ㅋ][톡-]
[터-ㅋ][턱-]

t + a + (l) + k
[ㅌ+오-/어-+묵음+ㅋ]

이야기하다,
대화하다

walk
[워-크][워-ㅋ]

w + a + (l) + k
[우+어-+묵음+ㅋ]

걷다, 걷기,
산책

---

half
[해프(f)]
[하-프(f)]

h + a + (l) + f
[ㅎ+애+묵음+ㅍ(f)]
* a를 [아-]로 발음하기도 합니다.

반, 절반

---

salmon
[쌔믄][쌔먼]

s + a + (l) + m + o + n
[ㅆ+애+묵음+ㅁ+으/어+ㄴ]

연어

almond
[아-먼드]
[아-믄드]

a + (l) + m + o + n + d
[아-+묵음+ㅁ+어/으+ㄴ+ㄷ]

아몬드

※ 단어안의 묵음은 괄호( )로 표기합니다.

d 묵음

d가 단어 중간에 오는 경우,
묵음이 될 수 있어요.

MP3 06-12

다음 단어를 듣고 따라 말해 보세요.   1번 말하고 1칸 체크 ☐☐☐☐☐

edge
[에쥐][에ㅈ]

e + (d) + g + (e)
[에+묵음+ㅈ+묵음]

끝, 가장자리

judge
[져즈][져쥐]
[져ㅈ]

j + u + (d) + g + (e)
[ㅈ+어+묵음+ㅈ+묵음]
* j + [어] → [져]

① 판사
② ~을 판단하다

badge
[배즈][배쥐]
[배ㅈ]

b + a + (d) + g + (e)
[ㅂ+애+묵음+ㅈ+묵음]

배지, 휘장

handsome
[핸썸][핸쓤]

h + a + n + (d) + s + o + m + (e)
[ㅎ+애+ㄴ+묵음+ㅆ+어/으+ㅁ+묵음]

잘생긴

Wednesday
[웬즈(z)데이]

W + e + (d) + n + (e) + s + d + ay
[우+에+묵음+ㄴ+묵음+ㅈ(z)+ㄷ+에이]

수요일

※ 단어안의 묵음은 괄호( )로 표기합니다.

145

기타 묵음 ①

s, u, c, n이 묵음이 될 수 있어요.

MP3 06-13

다음 단어를 듣고 따라 말해 보세요.　　　1번 말하고 1칸 체크 ☐☐☐☐☐

island
[아일른드][아일런드]

i + (s) + l + a + n + d
[아이+묵음+ㄹㄹ+으/어+ㄴ+ㄷ]

섬

guitar
[기탈(r)-]

g + (u) + i + t + a + r
[ㄱ+묵음+이+ㅌ+아-+ㄹ(r)]

기타 (악기)

guess
[게쓰]

g + (u) + e + ss
[ㄱ+묵음+에+ㅆ]

주즉,
~을 추측하다

muscle
[머쓸][머슬]

m + u + s + (c) + l + (e)
[ㅁ+어+ㅆ/ㅅ+묵음+ㄹ+묵음]

근육

autumn
[어-럼][어-텀]

au + t + u + m + (n)
[어-+ㄹ/ㅌ+어+ㅁ+묵음]
* 모음 사이의 t는 [ㄹ]로 발음됩니다.

가을

※ 단어안의 묵음은 괄호( )로 표기합니다.

기타 묵음 ②

i, o, p가 묵음이 될 수 있어요.

MP3 06-14

다음 단어를 듣고 따라 말해 보세요.

1번 말하고 1칸 체크 ☐ ☐ ☐ ☐ ☐

business
[비즈(z)니쓰]

b + u + s + (i) + n + e + ss
[ㅂ +이+ ㅈ (z)+묵음+ㄴ +이+ㅆ]

사업,
비즈니스

iron
[아이언(r/n)]

ir + (o) + n
[아이어(r)+묵음+ㄴ]

철, 쇠,
다리미

cupboard
[커벌(r)드]
[커벌(r)ㄷ]

c + u + (p) + b + oa + r + d
[ㅋ +어+묵음+ㅂ +어+ ㄹ (r)+ㄷ]

* oa에 강세가 없어 [어]로 발음합니다.
  (161 페이지 참고)

찬장

raspberry
[뤠즈(z)베뤼]
[롸즈(z)베뤼]

r + a + s + (p) + b + e + rr + y
[ㄹ (r)+애/아+ ㅈ (z)+묵음+ㅂ +에+ㄹ (r)+이]

* r발음에 유의하세요.

산딸기

psychology
[싸이컬러쥐]
[싸이컬러지]

(p) + s + y + ch + o + l + o + g + y
[묵음+ㅆ +아이+ ㅋ +어+ㄹ ㄹ +어+ ㅈ +이]

심리학

※ 단어안의 묵음은 괄호( )로 표기합니다.

Review 13

다음 단어를 읽고 □에 체크하세요.   생각나지 않으면 앞 페이지를 복습하세요.

발음 01
- ☐ lamb
- ☐ bomb
- ☐ womb
- ☐ comb
- ☐ climb

발음 02
- ☐ debt
- ☐ doubt
- ☐ subtle
- ☐ climber
- ☐ plumber

발음 03
- ☐ know
- ☐ knew
- ☐ knee
- ☐ knock
- ☐ knife

발음 04
- ☐ hour
- ☐ honor
- ☐ honest
- ☐ ghost
- ☐ stomach

발음 05
- ☐ catch
- ☐ match
- ☐ watch
- ☐ witch
- ☐ sketch

다음 단어를 읽고 ☐에 체크하세요.   생각나지 않으면 앞 페이지를 복습하세요.

발음 06
☐ often ☐ soften ☐ listen
☐ fasten ☐ hasten

발음 07
☐ castle ☐ whistle ☐ butcher
☐ Christmas ☐ mortgage

발음 08
☐ write ☐ wrist ☐ wrong
☐ answer ☐ sword

발음 09
☐ sign ☐ resign ☐ design
☐ foreign ☐ foreigner

발음 10
☐ sigh ☐ thigh ☐ night
☐ eight ☐ right

발음 11

- □ talk
- □ walk
- □ half
- □ salmon
- □ almond

발음 12

- □ edge
- □ judge
- □ badge
- □ handsome
- □ Wednesday

발음 13

- □ island
- □ guitar
- □ guess
- □ muscle
- □ autumn

발음 14

- □ business
- □ iron
- □ cupboard
- □ raspberry
- □ psychology

PART
02

실전 과정

Chapter 03

긴 단어 발음하는 법

짧은 단어의 경우, 비슷하게 생긴 단어의 발음이 규칙적일
확률이 높습니다.
따라서 한 단어의 발음을 알면 다른 단어의 발음을 비교적 쉽게
추측할 수 있습니다.

하지만 영어에서 단어가 길어지고 단어에 쓰인 모음의 수가
많아질수록 발음이 불규칙적으로 될 확률이 매우 높아집니다.

따라서 발음이 불규칙적인 소리를 가지는 경우에는
단어의 발음을 따로 학습하셔야 합니다.

영어 단어의 발음을 사전을 통해서 확인하는 습관을 기르셔야
영어의 발음을 제대로 알아 가실 수 있습니다.

MP3 다운로드 & 듣기

UNIT 01 긴 단어 발음의 불규칙성

MP3 07-1

영어에서는 단어가 길어질수록, 특히 한 단어에 모음의 수가 늘어날수록
발음에 규칙성이 줄어듭니다. 그렇기 때문에 비슷하게 생긴 단어가 다르게 발음되기도 합니다.

다음 단어를 듣고 따라 말해 보세요.
1번 말하고 1칸 체크 ☐☐☐☐☐

bus
[버쓰]
버스

busy
[비지(z)]
바쁜

band
[밴드]
밴드, 악단

husband
[허즈(z)번드][허즈(z)븐드]
남편

man
[맨]
(성인) 남자, 남성

woman
[우먼][우믄]
(성인) 여자, 여성

※ 발음의 불규칙적 변화에 집중하세요!

rest
[뤠스트]

① 휴식(하다), 쉬다
② 나머지

forest
[포(f)-뤼스트]

숲

cycle
[싸이클][싸이끌]

주기, 순환

unicycle
[유-니싸이클][유-니싸이끌]

외발 자전거

motorcycle
[모(우)럴(r)싸이클]

오토바이

bicycle
[바이씨클][바이씨끌]

자전거

※ 발음의 불규칙적 변화에 집중하세요!

list
[리스트]

목록, 리스트

listen
[리쓴]

(귀 기울여) 듣다

break
[브뤠이크][브뤠이ㅋ]

① ~을 깨다, 부수다
② 휴식 시간

breakfast
[브뤸풔스트]

아침 식사

fast
[풰스트][풰스ㅌ]

① 빠른
② 빠르게

fasten
[풰쓴]

~을 꽉 매다,
~을 단단히 고정시키다

※ 발음의 불규칙적 변화에 집중하세요!

rope
[로(r)(우)프][로(r)(으)프]

줄, 밧줄

Europe
[유-뤞][유(어)뤞]

유럽

sold
[쏠-드][쏘울드]

~을 팔았다
(sell의 과거형)

soldier
[쏠-졀(r)][쏘울졀(r)]

군인

should
[슈드]

~해야 한다,
~하는 게 좋다

shoulder
[숄-덜(r)][쇼을덜(r)]

어깨

※ 발음의 불규칙적 변화에 집중하세요!

ear
[E얼(r)]

귀

early
[얼(r)-리]

일찍, 이른

cast
[캐스트][캐스ㅌ]

① (연극, 영화) 출연자들
② ~을 던지다

castle
[캐쓸][캐슬]

성

scene
[씬-]

① (사건) 현장
② 장면, 광경

scenery
[씨-너뤼]

경치, 풍경

※ 발음의 불규칙적 변화에 집중하세요!

plan
[플랜]

① 계획
② ~을 계획하다

plane / airplane
[플레인]　[에얼(r)플레인]

비행기

face
[풰이쓰]

① 얼굴
② ~에 직면하다

surface
[썰(r)-퓌쓰][썰(r)-풔쓰]

표면

sent
[쎈트]

~을 보냈다
(send의 과거형)

present
[프뤠즌(z)트]

① 선물
② 현재의

※ 발음의 불규칙적 변화에 집중하세요!

다음 단어를 읽고 □에 체크하세요. 생각나지 않으면 앞 페이지를 복습하세요.

Unit 01

□ bus	□ busy
□ band	□ husband
□ man	□ woman
□ rest	□ forest
□ cycle	□ unicycle
□ motorcycle	□ bicycle
□ list	□ listen
□ break	□ breakfast
□ fast	□ fasten

☐ rope　　　　　　☐ Europe

☐ sold　　　　　　☐ soldier

☐ should　　　　　☐ shoulder

☐ ear　　　　　　☐ early

☐ cast　　　　　　☐ castle

☐ scene　　　　　☐ scenery

☐ plan　　　　　　☐ plane / airplane

☐ face　　　　　　☐ surface

☐ sent　　　　　　☐ present

영어에서는 강세에 따라 발음의 변화가 생기는 경우가 많습니다.
특히 강세가 없는 부분의 모음은 약하게 '어', '여' 또는 '으'로 주로 발음됩니다.

다음 단어를 듣고 따라 말해 보세요.   1번 말하고 1칸 체크 ☐ ☐ ☐ ☐ ☐

항상 응원한단다

family
[풰믈리]

가족

---

father
[파-덜(th/r)]

아버지

XX기업

company
[컴퍼니]

① 회사
② 일행

---

enemy
[에너미]

적, 적군

---

freedom
[프(f)뤼-덤][프(f)뤼-듬]

자유

※ 강세는 밑줄로 표기합니다.

magazine
[매거진(z)-]

잡지

machine
[머쉰-][므쉰-]

기계

possible
[파써블]

가능한

surprised
[썰(r)프라이즈드]

놀란,
놀람을 느끼는

afraid
[어프(f)뤠이드]

두려워하는,
두려움을 느끼는

※ 강세는 밑줄로 표기합니다.

발음을 추측하기 어려운 단어

영어에는 철자를 봐도 발음을 추측하기 힘든 단어가 많이 있습니다.
발음의 규칙성이 약한 단어의 경우 발음을 따로 외우는 것이 좋습니다.

다음 단어를 듣고 따라 말해 보세요.　　　　　　　　1번 말하고 1칸 체크 ☐ ☐ ☐ ☐ ☐

do
[두-]　　　　　　　　　　　　　　　　　　　　　～을 하다

eye
[아이]　　　　　　　　　　　　　　　　　　　　눈 (신체 부위)

juice
[주-쓰]　　　　　　　　　　　　　　　　　　　주스, 즙

cousin
[커즌(z)]　　　　　　　　　　　　　　　　　　사촌

daughter
[더-럴(l/r)]　　　　　　　　　　　　　　　　　딸

163

busy
[비지(z)]

바쁜

bury
[베뤼]

~을 (땅에) 묻다

tomb
[툼-]

(큰) 무덤, (큰) 고분

dawn
[던-][돈-]

새벽

laugh
[래프(f)][래ㅍ(f)]

(소리 내어) 웃다

UNIT 04 발음이 어려운 이중모음 단어

MP3 10-1

2중모음의 경우, 다양하게 발음이 될 수 있습니다.
따라서, 2중모음을 포함한 단어의 발음은 특히 잘 알아두셔야 합니다.

다음 단어를 듣고 따라 말해 보세요.   1번 말하고 1칸 체크 ☐☐☐☐☐

chaos
[케이아쓰][케이오쓰]

혼돈

cause
[커-즈(z)][코-즈(z)]

① 원인
② ~을 야기하다

beige
[베이쥐][베이ㅈ]

베이지색(의)

video
[뷔디오(우)]

동영상

museum
[뮤-지(z)-엄]
[뮤-지(z)-음]

박물관, 미술관

piano
[피애노(우)][피아노(우)]　　　　피아노

genius
[지-니어쓰][지-녀쓰]　　　　천재

visual
[뷔쥬얼][뷔쥬을]　　　　시각적인

quit
[큍][퀴ㅌ]　　　　~을 그만두다

liquor
[리컬(r)][리껄(r)]　　　　(도수 높은) 술

Review 15

다음 단어를 읽고 □에 체크하세요.   생각나지 않으면 앞 페이지를 복습하세요.

Unit 02

- ☐ family
- ☐ father
- ☐ company
- ☐ enemy
- ☐ freedom

- ☐ magazine
- ☐ machine
- ☐ possible
- ☐ surprised
- ☐ afraid

Unit 03

- ☐ do
- ☐ eye
- ☐ juice
- ☐ cousin
- ☐ daughter

- ☐ busy
- ☐ bury
- ☐ tomb
- ☐ dawn
- ☐ laugh

Unit 04

- ☐ chaos
- ☐ cause
- ☐ beige
- ☐ video
- ☐ museum

- ☐ piano
- ☐ genius
- ☐ visual
- ☐ quit
- ☐ liquor

발음에 주의해야 하는 단어

한글의 자음과 모음이 각자 고유한 발음을 가지는 것과 달리
영어에서 하나의 알파벳은 다양한 발음을 가질 수 있습니다.

같은 철자를 가진 단어라도 뜻에 따라 다른 발음을 가질 수 있으며,
다른 철자를 가진 단어가 같은 발음을 가지기도 합니다.

철자만으로 발음을 정확하게 추측하기 힘들고, 많은 사람들이
헷갈려하는 단어의 발음은 특히 신경 써서 알아두실 필요가 있습니다.

MP3 다운로드 & 듣기

같은 철자를 가진 단어라도 뜻에 따라 다른 발음을 가질 수 있어요.

다음 단어를 듣고 따라 말해 보세요.   1번 말하고 1칸 체크 ☐☐☐☐☐

bow

① [바우]   절(하다)

② [보우]   활

close

① [클로우즈(z)]   ~을 닫다

② [클로우쓰]   가까운, 친한

고민있으면 말하게

desert

① [데절(z/r)트]   사막

② [디절(z/r)트]   (사람, 지위, 임무)
                     ~을 버리다

낙연이라니..

live

인생 뭐 있나!!

① [리브(v)]   살다

② [라이브(v)]   생방송의

ON AIR

※ 강세는 밑줄로 표기합니다.

present

① [프뤠즌(z)트]   선물, 현재의

② [프뤼젠(z)트]   ~을 제공하다

read

① [뤼-드]   (글)을 읽다

② [뤠드]   (글)을 읽었다
                        (read의 과거형)

tear

① [티얼(r)]   눈물

② [테얼(r)]   ~을 찢다

use

① [유-즈(z)]   ~을 사용하다

② [유-쓰]   사용(법)

※ 강세는 밑줄로 표기합니다.

미국식 영어 vs. 영국식 영어

MP3 12-1

같은 철자, 같은 뜻을 가진 단어라도 나라마다 다른 발음을 가질 수 있어요.

다음 단어를 듣고 따라 말해 보세요.   1번 말하고 1칸 체크 ☐☐☐☐☐

aunt
① [앤트] 미국식 발음
② [안-트] 영국식 발음

이모, 고모, 숙모

banana
① [버내너] 미국식 발음
② [브나나] 영국식 발음

바나나

coupon
① [큐-펀] 미국식 발음
② [쿠-펀] 영국식 발음

쿠폰

data
① [데이라] 미국식 발음
② [데이터] 영국식 발음

데이터, 자료

garage
① [거롸-쥐] 미국식 발음
② [개뤼-쥐] 영국식 발음

차고

※ 같은 국가에서도 지역에 따라 발음이 다를 수 있습니다.

herb
① [얼(r)-(브)] 미국식 발음
② [허-브] 영국식 발음

허브, 약초

often
① [어-픈(f)] 미국식 발음
② [엎(f)튼] 영국식 발음

자주

tomato
① [트메이로우] 미국식 발음
② [트마-토(우)] 영국식 발음

토마토

vitamin
① [봐이러민] 미국식 발음
② [뷔터민] 영국식 발음

비타민

water
① [워-럴(l/r)] 미국식 발음
② [워-터] 영국식 발음

물

※ 같은 국가에서도 지역에 따라 발음이 다를 수 있습니다.

다른 철자를 가진 단어라도 같은 발음을 가질 수 있어요.

다음 단어를 듣고 따라 말해 보세요.   1번 말하고 1칸 체크 ☐ ☐ ☐ ☐ ☐

by
[바이]

① ~ 옆에
② ~에 의해

buy
[바이]

~을 사다

die
[다이]

죽다

dye
[다이]

염색하다

eye
[아이]

눈 (신체 부위)

I
[아이]

나

flour
[플(f)라월(r)]

밀가루

flower
[플(f)라월(r)]

꽃

hear
[히얼(r)]

~을 듣다, ~이 들리다

here
[히얼(r)]

여기, 여기에, 여기로

hi
[하이]

안녕

high
[하이]

높은

hour
[아-월(r)][아우얼(r)]

시간

our
[아-월(r)][아우얼(r)]

우리의

in
[인]

~안에

inn
[인]

① 여관
② (작은) 호텔

174

| | **know**
[노(우)] | ~을 알다 |
| | **no**
[노(우)] | 아니, 안 돼 |

| | **meat**
[밑-][미-트] | 고기 |
| | **meet**
[밑-][미-트] | ~을 만나다 |

| | **one**
[원] | 1, 일 (숫자), 한 개 |
| | **won**
[원] | 이겼다, 승리했다
(win의 과거형) |

| | **peace**
[피-쓰] | 평화 |
| | **piece**
[피-쓰] | (하나의) 조각
* a piece of : 한 조각의 |

sea
[씨-]

바다

see
[씨-]

~을 보다, 이해하다

son
[썬]

아들

sun
[썬]

해, 태양

their
[데(th)얼(r)]

그들의

there
[데(th)얼(r)]

거기로, 거기에, 거기에서

wear
[웨얼(r)]

~을 입다, ~을 착용하다

where
[웨얼(r)]

어디, 어디에, 어디에서

다음 단어를 읽고 □에 체크하세요.   생각나지 않으면 앞 페이지를 복습하세요.

*뜻을 떠올리며 다르게 발음하세요.

Unit 01

| ☐ bow | ☐ close | ☐ desert | ☐ live |
| ☐ bow | ☐ close | ☐ desert | ☐ live |

| ☐ present | ☐ read | ☐ tear | ☐ use |
| ☐ present | ☐ read | ☐ tear | ☐ use |

Unit 02

| ☐ aunt | ☐ banana | ☐ coupon |

| ☐ data | ☐ garage | ☐ herb |

| ☐ often | ☐ tomato | ☐ vitamin |

| ☐ water |

Unit 03

☐ by	☐ buy	☐ die	☐ dye
☐ eye	☐ I	☐ flour	☐ flower
☐ hear	☐ here	☐ hi	☐ high
☐ hour	☐ our	☐ in	☐ inn
☐ know	☐ no	☐ meat	☐ meet
☐ one	☐ won	☐ peace	☐ piece
☐ sea	☐ see	☐ son	☐ sun
☐ their	☐ there	☐ wear	☐ where

자주 틀리게 발음하는 단어

사람들이 자주 틀리게 발음하는 단어를 다시 한 번 정리해 보세요.

다음 단어를 듣고 따라 말해 보세요.　　　　　1번 말하고 1칸 체크 ☐☐☐☐☐

발음을 자주 틀리는 단어	옳은 발음 (O)	틀린 발음 (X)
almond 아몬드	[아-먼드] [아-믄드]	[알먼드] [알몬드]
April 4월	[에이프뤌] [에이쁘를]	[에이프릴] [에이프륄]
architecture 건축	[알(r)-키텍쳘(r)]	[알치텍쳘(r)]
blanket 담요	[블랭킽]	[블랑캩] [블랑킽]
buffet 뷔페	[버풰이] [브풰이] [부풰이]	[부페] [뷔페] [버펱]
cough 기침, 기침하다	[커-프(f)] [코-프(f)]	[코우치] [코우그]

179

발음을 자주 틀리는 단어	옳은 발음 (O)	틀린 발음 (X)
half 절반	[해프(f)] [하-프(f)]	[할프(f)]
headache 두통, 머리 아픔	[헤드에잌] [헤르에잌]	[헤드에이치]
husband 남편	[허즈(z)번드] [허즈(z)븐드]	[허즈밴드]
iron 철, 다리미	[아이언(r/n)]	[아이론]
island 섬	[아일른드] [아일런드]	[아이슬랜드] [아이슬란드]
lose ~을 잃어버리다, 지다	[루-즈(z)]	[로쓰] [로즈(z)]

폰에 발이 달렸나...

180

발음을 자주 틀리는 단어	옳은 발음 (O)	틀린 발음 (X)
recently 최근에	[뤼-쓴리] [뤼-쓴(틀)리]	[뤼쎈틀리]
relatives 친척들	[뤨러티브(v)쓰]	[륄레이티브(v)쓰]
salmon 연어	[쌔믄] [쌔먼]	[쌜몬] [쌀몬]
stomachache 복통, 배 아픔	[스터먹에익]	[스터머치에이치]
sword 검, 칼	[쏠(r)-ㄷ] [쏠(r)-드]	[스월드]
walk 걷다, 걷기	[워-크]	[월-크]

181

다음 단어를 읽고 □에 체크하세요.　　　　　생각나지 않으면 앞 페이지를 복습하세요.

Unit 04

☐ almond	☐ April	☐ architecture
☐ blanket	☐ buffet	☐ cough
☐ half	☐ headache	☐ husband
☐ iron	☐ island	☐ lose
☐ recently	☐ relatives	☐ salmon
☐ stomachache	☐ sword	☐ walk

자주 쓰는 외래어 읽는 법

한국에서 자주 쓰는 외래어로 알파벳의 다양한 발음을 다시 한 번 정리해 보세요.

다음 단어를 듣고 따라 말해 보세요.　　　1번 말하고 1칸 체크 ☐☐☐☐☐

---

album
[앨범][앨븜]
앨범, 사진첩

a + l + b + u + m
[애+ㄹ+ㅂ+어/으+ㅁ]

---

alphabet
[앨풔베ㅌ][앨풔뷑]
알파벳

a + l + ph + a + b + e + t
[애+ㄹ+ㅍ(f)+어+ㅂ+에+ㅌ]
* ㅍ(f) + [어] → [풔]

box
[박쓰][박스]
박스, 상자

b + o + x
[ㅂ+아+ㅋ ㅆ]

---

battery
[배러뤼][배터뤼]
배터리, 건전지

b + a + tt + e + r + y
[ㅂ+애+ㄹ/ㅌ+어+ㄹ(r)+이]
* 모음 사이의 t는 [ㄹ]로 발음됩니다.
* r + [이] → [뤼]

---

badminton
[배드민튼]
배드민턴

b + a + d + m + i + n + t + (o) + n
[ㅂ+애+ㄷ+ㅁ+이+ㄴ+ㅌ+묵음+ㄴ]

barbeque
[발(r)-비큐-]
바비큐, ~을 굽다

b + a + r + b + e + q + u + (e)
[ㅂ+아-+ㄹ(r)+ㅂ+이+ㅋ+유-+묵음]

card
[칼(r)-드][칼(r)-ㄷ]
카드

c + a + r + d
[ㅋ+아-+ㄹ(r)+ㄷ]

coffee
[커-퓌]
커피

c + o + ff + ee
[ㅋ+어-+ㅍ(f)+이]
* f + [이] → [퓌]

computer
[컴퓨-럴(l/r)]
컴퓨터

c + o + m + p + u + t + e + r
[ㅋ+어+ㅁ+ㅍ+유-+ㄹ+어+ㄹ(r)]
* 모음 사이의 t는 [ㄹ]로 발음됩니다.

concert
[컨-썰(r)트][칸-썰(r)트]
콘서트

c + o + n + c + e + r + t
[ㅋ+어-/아-+ㄴ+ㅆ+어+ㄹ(r)+ㅌ]

curtain
[컬(r)-은][컬(r)-튼]
커튼

c + u + r + (t) + (ai) + n
[ㅋ+어-+ㄹ(r)+(ㅌ)+묵음+ㄴ]

cookie
[쿠키][크키]
쿠키

c + oo + k + i + (e)
[ㅋ+우/으+ㅋ+이+묵음]

cherry
[체뤼]

체리

ch + e + rr + y

[ㅊ +에+ ㄹ (r)+이]

＊ r + [이] → [뤼]

cheese
[치 - 즈(z)]

치즈

ch + ee + s + (e)

[ㅊ +이 -+ ㅈ (z)+묵음]

drum
[드룀]

드럼, 북

d + r + u + m

[ㄷ + ㄹ (r)+어+ ㅁ]

＊ r + [어] → [뤄]

donut
[도우넡][도우너ㅌ]

도너츠

d + o + n + u + t

[ㄷ +오우+ ㄴ +어+ ㅌ]

elevator
[엘러붸이럴(l/r)]

엘리베이터

e + l + e + v + a + t + o + r

[에+ ㄹ ㄹ +어+ ㅂ (v)+에이+ ㄹ +어+ ㄹ (r)]

＊ v + [에이] → [붸이]

＊ 모음 사이의 t는 [ㄹ]로 발음됩니다.

golf
[골프(f)][걸프(f)]

골프

g + o + l + f

[ㄱ +오/어+ ㄹ + ㅍ (f)]

hotel
[호-텔][호(우)텔]
호텔

h + o + t + e + l
[ㅎ+오(우)+ㅌ+에+ㄹ]

heater
[히-럴(l/r)][히-터]
히터, 난방기

h + ea + t + e + r
[ㅎ+이-+ㄹ+어+ㄹ (r)]

* 모음 사이의 t는 [ㄹ]로 발음됩니다.

hamburger
[햄벌(r)-걸(r)]
햄버거

h + a + m + b + u + r + g + e + r
[ㅎ+애+ㅁ+ㅂ+어-+ㄹ (r)+ㄱ+어+ㄹ (r)]

ink
[잉크][잉ㅋ]
잉크

i + nk
[이+ㅇ ㅋ]

ice cream
[아이쓰 크림-]
아이스크림

i + c + (e) + c + r + ea + m
[아이+쓰+묵음+ㅋ+ㄹ (r)+이-+ㅁ]

* r + [이-] → [뤼-]

jacket
[재킽]
자켓

j + a + ck + e + t
[ㅈ+애+ㅋ+이+ㅌ]

kangaroo
[캥거루(r)-]
캥거루

k + a + ng + a + r + oo
[ㅋ+애+ㅇ ㄱ+어+ㄹ(r)+우-]

lemon
[레먼][레믄]
레몬

l + e + m + o + n
[ㄹ+에+ㅁ+어/으+ㄴ]

napkin
[냅킨][냅끼]
냅킨

n + a + p + k + i + n
[ㄴ+애+ㅍ+ㅋ+이+ㄴ]

＊ k가 [ㄲ]처럼 발음되기도 합니다.

news
[뉴-ㅈ(z)][뉴-즈(z)]
뉴스, 소식

n + e + w + s
[ㄴ+이+우+ㅈ(z)]
[ㄴ+유-+ㅈ(z)]

necktie
[넥타이]
넥타이

n + e + ck + t + i + (e)
[ㄴ+에+ㅋ+ㅌ+아이+묵음]

orange
[어-륀쥐][오-륀쥐]
오렌지

o + r + a + n + g + (e)
[어-/오-+ㄹ(r)+이+ㄴ+ㅈ+묵음]

＊ r + [이] → [뤼]

party
[파-뤼][파-티]

파티, 정당

p + a + r + t + y

[ㅍ+아-+ㄹ(r)+ㄹ/ㅌ+이]

pasta
[파-스타][파-스터]

파스타

p + a + s + t + a

[ㅍ+아-+ㅅ+ㅌ+아/어]

pickle
[피클][피끌]

피클, 절임

p + i + ck + l + (e)

[ㅍ+이+ㅋ+ㄹ+묵음]

* ck가 [ㄲ]처럼 발음되기도 합니다.

robot
[로(r)우벝][로(r)우버ㅌ]

로봇

r + o + b + o + t

[ㄹ(r)+오우+ㅂ+어+ㅌ]

rocket
[롸킽][롸키ㅌ]

로켓

r + o + ck + e + t

[ㄹ(r)+아+ㅋ+이+ㅌ]

* r + [아] → [롸]

salad
[쌜러드]

샐러드

s + a + l + a + d

[ㅆ+애+ㄹ ㄹ+어+ㄷ]

steak
[스테이크][쓰떼이크]

스테이크

s + t + ea + k

[ㅅ + ㅌ + 에이 + ㅋ]

＊ s 다음에 바로 오는 t는 [ㄸ]로 발음됩니다.

scarf
[스칼(r)-프(f)]
[쓰깔(r)-프(f)]

스카프, 목도리

s + c + a + r + f

[ㅅ + ㅋ + 아-+ ㄹ (r) + ㅍ (f)]

＊ s 다음에 바로 오는 ㅋ는 [ㄲ]로 발음됩니다.

skate
[스케이트][쓰께이트]

스케이트

s + k + a + t + (e)

[ㅅ + ㅋ + 에이 + ㅌ + 묵음]

＊ s 다음에 바로 오는 ㅋ는 [ㄲ]로 발음됩니다.

shampoo
[샘푸-]

샴푸

sh + a + m + p + oo

[ㅅ (sh) + 애 + ㅁ + ㅍ + 우-]

＊ sh + [애] → [섀]

slippers
[슬리펄(r)스][슬리뻘(r)쓰]

슬리퍼

s + l + i + pp + e + r + s

[ㅅ + ㄹ ㄹ + 이 + ㅍ + 어 + ㄹ (r) + ㅅ]

＊ pp가 [ㅃ]처럼 발음되기도 합니다.

sweater
[스웨럴(l/r)]

스웨터

s + w + ea + t + e + r

[ㅅ + 우 + 에 + ㄹ + 어 + ㄹ (r)]

＊ 모음 사이의 t는 [ㄹ]로 발음됩니다.

sandwich
[쌘위 ㅊ][쌘(드)위치]
샌드위치

s + a + n + (d) + w + i + ch
[ㅆ+애+ㄴ+묵음+우+이+ㅊ]

snowboard
[스노우볼(r)-드]
스노보드 (타다)

s + n + ow + b + oa + r + d
[ㅅ+ㄴ+오우+ㅂ+오-/어-+ㄹ (r)+ㄷ]

supermarket
[수펄(r)말(r)킽]
슈퍼마켓

s + u + p + e + r + m + a + r + k + e + t
[ㅅ+우+ㅍ+어+ㄹ (r)+ㅁ+아+ㄹ (r)+ㅋ+이+ㅌ]

tulip
[툴-맆][튤-맆]
튤립

t + u + l + i + p
[ㅌ+우-/유-+ㄹ ㄹ+이+ㅍ]

truck
[트뤄 ㅋ][츠뤄 ㅋ]
트럭

t + r + u + ck
[ㅌ+ㄹ (r)+어+ㅋ]
* tr에서 t는 [ㅊ]로 발음이 되기도 합니다.
* r + [어] → [뤄]

ticket
[티킽]
티켓, 표

t + i + ck + e + t
[ㅌ+이+ㅋ+이+ㅌ]

tennis
[테니스][테니쓰]
테니스

t + e + nn + i + s
[ㅌ +에+ ㄴ +이+ ㅅ]

television
[텔러뷔젼][텔러뷔즌]
텔레비전

t + e + l + e + v + i + s + io + n
[ㅌ +에+ ㄹ ㄹ +어+ ㅂ (v)+이+ ㅈ +여/으+ ㄴ]
* v + [이] → [뷔]

uniform
[유-니폼(f/r)-]
[유-니폼(f/r)-]
유니폼, 제복

u + n + i + f + o + r + m
[유-+ ㄴ +이+ ㅍ (f)+오-/어-+ ㄹ (r)+ ㅁ]

violin
[봐이얼린]
바이올린

v + i + o + l + i + n
[ㅂ (v)+아이+어+ ㄹ ㄹ +이+ ㄴ]
* v + [아이] → [봐이]

wing
[윙]
날개

w + i + ng
[우+이+ ㅇ]

yoga
[요(우)가][요(우)거]
요가

yo + g + a
[요우+ ㄱ +아/어]

Review 18

Unit 05

☐ album   ☐ alphabet   ☐ box

☐ battery   ☐ badminton   ☐ barbeque

☐ card   ☐ coffee   ☐ computer

☐ concert   ☐ curtain   ☐ cookie

☐ cherry   ☐ cheese   ☐ drum

☐ donut   ☐ elevator   ☐ golf

☐ hotel   ☐ heater   ☐ hamburger

☐ ink   ☐ ice cream   ☐ jacket

☐ kangaroo   ☐ lemon   ☐ napkin

☐ news   ☐ necktie   ☐ orange

다음 단어를 읽고 □에 체크하세요.   생각나지 않으면 앞 페이지를 복습하세요.

□ party   □ pasta   □ pickle

□ robot   □ rocket   □ salad

□ steak   □ scarf   □ skate

□ shampoo   □ slippers   □ sweater

□ sandwich   □ snowboard   □ supermarket

□ tulip   □ truck   □ ticket

□ tennis   □ television   □ uniform

□ violin   □ wing   □ yoga

부록

0	**zero**	[지(z)(으)로(r)우]
1	**one**	[원]
2	**two**	[투-]
3	**three**	[뜨(th)뤼-]
4	**four**	[폴(f/r)-]
5	**five**	[파이브(v)]
6	**six**	[씩쓰]
7	**seven**	[쎄븐(v)]
8	**eight**	[에잍-] [에이트]
9	**nine**	[나인]
10	**ten**	[텐]
11	**eleven**	[일레븐(v)]
12	**twelve**	[트웰브(v)] [투웰브(v)]
13	**thirteen**	[떨(th/r)-틴-]
14	**fourteen**	[폴(f/r)-틴-]
15	**fifteen**	[퓌프(f)틴-]
16	**sixteen**	[씩쓰틴-]
17	**seventeen**	[쎄븐(v)틴-]
18	**eighteen**	[에이틴-]
19	**nineteen**	[나인틴-]

20	**twenty**	[트웨니] [트웬티]
21	**twenty-one**	[트웨니 원]
22	**twenty-two**	[트웨니 투-]
23	**twenty-three**	[트웨니 뜨(th)뤼]
24	**twenty-four**	[트웨니 폴(f/r)-]
25	**twenty-five**	[트웨니 퐈이브(v)]
26	**twenty-six**	[트웨니 씩쓰]
27	**twenty-seven**	[트웨니 쎄븐(v)]
28	**twenty-eight**	[트웨니 에잍-]
29	**twenty-nine**	[트웨니 나인]
30	**thirty**	[떠(th)-리] [떨(th/r)-티]
31	**thirty-one**	[떠(th)-리 원] [떨(th/r)-티 원]
40	**forty**	[포(f)-리] [포(f)-티]
50	**fifty**	[퓌프(f)티] [퓌프(f)띠]
60	**sixty**	[씩쓰티] [씩쓰띠]
70	**seventy**	[쎄븐(v)티] [쎄븐(v)디]
80	**eighty**	[에이리] [에이티]
90	**ninety**	[나인디] [나인티]
100	**one hundred**	[원 헌드뤄드] [원 헌드뤠드]
1000	**one thousand**	[원 따(th)우즌(z)드]

02 요일 말하기

요일	→	It's + (요일).	(요일)이에요.
월요일	**Monday** [먼데이]	**It's Monday.** [잍츠 먼데이]	월요일이에요.
화요일	**Tuesday** [튜-즈(z)데이]	**It's Tuesday.** [잍츠 튜-즈(z)데이]	화요일이에요.
수요일	**Wednesday** [웬즈(z)데이]	**It's Wednesday.** [잍츠 웬즈(z)데이]	수요일이에요.
목요일	**Thursday** [떨(th/r)-즈(z)데이]	**It's Thursday.** [잍츠 떨(th/r)-즈(z)데이]	목요일이에요.
금요일	**Friday** [프(f)롸이데이]	**It's Friday.** [잍츠 프(f)롸이데이]	금요일이에요.
토요일	**Saturday** [쌔럴(l/r)데이]	**It's Saturday.** [잍츠 쌔럴(l/r)데이]	토요일이에요.
일요일	**Sunday** [썬데이]	**It's Sunday.** [잍츠 썬데이]	일요일이에요.

색깔	→	It's + (색깔).	그것은 (색깔)이에요.

흰색
white
[와이트]
It's white.
[잍츠 와이트]
그것은 흰색이에요.

검은색
black
[블랙]
It's black.
[잍츠 블랙]
그것은 검은색이에요.

회색
gray
[그뤠이]
It's gray.
[잍츠 그뤠이]
그것은 회색이에요.

파란색
blue
[블루-]
It's blue.
[잍츠 블루-]
그것은 파란색이에요.

초록색
green
[그륀-]
It's green.
[잍츠 그륀-]
그것은 초록색이에요.

빨간색
red
[뤠드]
It's red.
[잍츠 뤠드]
그것은 빨간색이에요.

노란색
yellow
[옐로우]
It's yellow.
[잍츠 옐로우]
그것은 노란색이에요.

04 문장 말하기(상태, 성격, 맛, 날씨)

1	나는 배고파.	**I'm hungry.**	[아임 헝그뤼]
2	나는 목말라.	**I'm thirsty.**	[아임 떨(r)-스티]
3	나는 졸려.	**I'm sleepy.**	[아임 슬리-피]
4	나는 피곤해.	**I'm tired.**	[아임 타이얼(r)드]
5	나는 아파.	**I'm sick.**	[아임 씩-]
6	나는 바빠.	**I'm busy.**	[아임 비지(z)]
7	나는 준비가 되었어.	**I'm ready.**	[아임 뤠디]
8	나는 행복해.	**I'm happy.**	[아임 해피]
9	나는 화났어.	**I'm angry.**	[아임 앵그뤼]
10	나는 슬퍼.	**I'm sad.**	[아임 쌔드]
11	나는 우울해.	**I'm depressed.**	[아임 디프뤠스트]
12	나는 신나.	**I'm excited.**	[아임 익싸이리드]
13	나는 긴장했어.	**I'm nervous.**	[아임 널(r)-붜쓰]
14	나는 걱정돼.	**I'm worried.**	[아임 워-뤼드]
15	나는 두려워.	**I'm afraid.**	[아임 어프(f)뤠이드]
16	나는 놀랐어.	**I'm surprised.**	[아임 썰(r)프라이즈드]
17	나는 충격 받았어.	**I'm shocked.**	[아임 샥-트]
18	너는 웃겨.	**You're funny.**	[유얼(r) 풔니]
19	너는 친절해.	**You're kind.**	[유얼(r) 카인드]
20	너는 무례해.	**You're rude.**	[유얼(r) 루(r)-드]
21	너는 이기적이야.	**You're selfish.**	[유얼(r) 쎌퓌쉬]
22	너는 미쳤어.	**You're crazy.**	[유얼(r) 크뤠이지(z)]
23	그는 똑똑해.	**He's smart.**	[히즈(z) 스말(r)-트]
24	그는 부유해.	**He's rich.**	[히즈(z) 뤼취]
25	그는 가난해.	**He's poor.**	[히즈(z) 푸얼(r)]
26	그는 유명해.	**He's famous.**	[히즈(z) 풰이머쓰]

27	그는 인기 있어.	He's popular.	[히즈(z) 파퓰럴(l/r)]
28	그녀는 수줍음이 많아.	She's shy.	[쉬즈(z) 샤이]
29	그녀는 외향적이야.	She's outgoing.	[쉬즈(z) 아웉고(우)잉]
30	그녀는 살가워.	She's friendly.	[쉬즈(z) 프(f)뤤(들)리]
31	그녀는 정직해.	She's honest.	[쉬즈(z) 어니스트]
32	그녀는 용감해.	She's brave.	[쉬즈(z) 브뤠이브(v)]
33	그녀는 책임감 있어.	She's responsible.	[쉬즈(z) 뤼쓰펀써블]
34	그녀는 이상해.	She's strange.	[쉬즈(z) 스트뤠인쥐]
35	그것은 좋아.	It's good.	[잍츠 귿]
36	그것은 안 좋아.	It's bad.	[잍츠 배드]
37	그것은 쉬워.	It's easy.	[잍츠 E-지(z)]
38	그것은 어려워.	It's difficult.	[잍츠 디퓌컬트]
39	그것은 (가격이) 싸.	It's cheap.	[잍츠 췸-]
40	그것은 비싸.	It's expensive.	[잍츠 익쓰펜씨브(v)]
41	그것은 새로워.	It's new.	[잍츠 뉴-]
42	그것은 낡았어.	It's old.	[잍츠 오울드]
43	그것은 커.	It's big.	[잍츠 빅]
44	그것은 작아.	It's small.	[잍츠 스몰-]
45	그것은 길어.	It's long.	[잍츠 롱-]
46	그것은 짧아.	It's short.	[잍츠 숄(r)-트]
47	그것은 무거워.	It's heavy.	[잍츠 헤뷔]
48	그것은 가벼워.	It's light.	[잍츠 라이트]
49	그것은 깨끗해.	It's clean.	[잍츠 클린-]
50	그것은 더러워.	It's dirty.	[잍츠 더-뤼]
51	그것은 역겨워.	It's disgusting.	[잍츠 디쓰꺼스팅]
52	그것은 빨라.	It's fast.	[잍츠 풰스트]

53	그것은 느려.	It's slow.	[잍츠 슬로우]
54	그것은 달콤해.	It's sweet.	[잍츠 스위-트]
55	그것은 (맛이) 짜.	It's salty.	[잍츠 쏠-티]
56	그것은 매워.	It's spicy.	[잍츠 스파이씨]
57	그것은 (맛이) 써.	It's bitter.	[잍츠 비럴(l/r)]
58	그것은 (맛이) 셔.	It's sour.	[잍츠 싸우얼(r)]
59	그것은 기름져. (느끼해)	It's greasy.	[잍츠 그뤼-씨]
60	그것은 신선해.	It's fresh.	[잍츠 프(f)뤠쉬]
61	그것은 즙이 많아.	It's juicy.	[잍츠 쥬-씨]
62	그것은 (육질) 연해.	It's tender.	[잍츠 텐덜(r)]
63	그것은 (육질) 질겨.	It's tough.	[잍츠 터프(f)]
64	(날씨) 화창해.	It's sunny.	[잍츠 써니]
65	(날씨) 구름 꼈어.	It's cloudy.	[잍츠 클라우디]
66	(날씨) 안개 꼈어.	It's foggy.	[잍츠 포(f)-기]
67	(날씨) 비가 많이 와.	It's rainy.	[잍츠 뤠이니]
68	(날씨) 눈이 많이 와.	It's snowy.	[잍츠 스노위]
69	(날씨) 바람이 많이 불어.	It's windy.	[잍츠 윈디]
70	(날씨) 습해.	It's humid.	[잍츠 휴-미드]
71	(날씨) 건조해.	It's dry.	[잍츠 드롸이]
72	어두워.	It's dark.	[잍츠 달(r)-크]
73	(날씨) 더워.	It's hot.	[잍츠 핱]
74	(날씨) 따뜻해.	It's warm.	[잍츠 웖-]
75	(날씨) 시원해.	It's cool.	[잍츠 쿠을]
76	(날씨) 쌀쌀해.	It's chilly.	[잍츠 칠리]
77	(날씨) 추워.	It's cold.	[잍츠 코울드]
78	(날씨) 매우 추워.	It's freezing (cold).	[잍츠 프(f)뤼-징(z) (코울드)]

알파벳의 다양한 발음

▶영어의 알파벳은 아래와 같이 다양한 발음이 될 수 있어요.

	A a	E e	I i	O o	U u
모음	[애] [에이] [아][이] [오/어]	[이(E)] [에] [어/으]	[아이] [이] [어/으]	[오(우)] [어][으] [아] [우/으]	[어] [우/으] [우][유] [이]

oo	W w (반자음)	Y y (반자음)
[우/으] [우][어]	[워] [와] [위] [웨] [웨이] [우]	[야] [예] [유] [요(우)] [이] [아이]

	B b	C c	D d	F f	G g
자음	[ㅂ]	[ㅋ] [ㅆ]	[ㄷ]	[ㅍ(f)]	[ㄱ] [ㅈ]
	H h	**J j**	**K k**	**L l**	**M m**
	[ㅎ] [묵음]	[ㅈ]	[ㅋ] [묵음]	[ㄹ] [ㄹㄹ]	[ㅁ]
	N n	**P p**	**Q q**	**R r**	**S s**
	[ㄴ]	[ㅍ]	[ㅋ]	[ㄹ(r)]	[ㅅ] [ㅆ] [ㅈ(z)]
	T t	**V v**	**X x**	**Z z**	
	[ㅌ] [ㄹ]	[ㅂ(v)]	[ㅋㅆ] [그ㅈ] [ㅈ(z)]	[ㅈ(z)]	

ch	sh	ph	th	ng	nk
[ㅊ] [ㅋ] [ㅅ(sh)]	[ㅅ(sh)]	[ㅍ(f)]	[ㄸ(th)] [ㄷ(th)]	[받침ㅇ]	[ㅇㅋ]

파닉스편

INDEX